文
化
普
华

PUHUA BOOKS

我
们
一
起
解
决
问
题

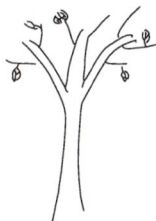

# 画树读心

一张图读懂内心世界

严文华 ◎ 著

人民邮电出版社

北京

**图书在版编目（CIP）数据**

画树读心：一张图读懂内心世界 / 严文华著. --
北京：人民邮电出版社，2020.4
ISBN 978-7-115-44567-4

Ⅰ．①画… Ⅱ．①严… Ⅲ．①心理学—研究 Ⅳ.
①B84

中国版本图书馆CIP数据核字（2019）第300548号

## 内 容 提 要

《画树读心》以所画树木为出发点比拟人类的生命发展，运用树木图这一心理学工具，心理学工作者和心理学爱好者可以通过作画者所画的树木图解读出个体的人格特点、个体所面临的困境、个体的成长方向及其主要成长议题等。

本书分为四大模块，分别讲解树木图的发展、分步骤解读、运用树木图实现个人成长以及树木图在各个领域中的运用。读者可以沿着本书内容的发展脉络，边阅读边画出自己的树木图，一本书读完，也就读懂了自己的内心世界。本书结构清晰，易于操作。尤其是第四模块的相关内容，企业培训、团队建设、班级建设、心理团体活动都可以借鉴。对于希望了解孩子但又难以与其交流的家长来讲，跟孩子一起画家庭树，会是很好的沟通抓手。

本书适合心理学爱好者、老师、心理学工作者及社会学工作者阅读。

◆　　　著　　严文华
　　　责任编辑　柳小红
　　　责任印制　彭志环
◆　人民邮电出版社出版发行　　北京市丰台区成寿寺路 11 号
　　邮编 100164　　电子邮件 315@ptpress.com.cn
　　网址 http://www.ptpress.com.cn
　　北京九州迅驰传媒文化有限公司印刷
◆　开本：700×1000　1/16
　　印张：17.25　　　　　　　　　　2020 年 4 月第 1 版
　　字数：242 千字　　　　　　　2025 年 3 月北京第 16 次印刷

定　价：79.00 元
读者服务热线：（010）81055656　印装质量热线：（010）81055316
反盗版热线：（010）81055315

# 总序

## 从心而发，便是艺术

吉沅洪　教授、博士生导师
日本表达艺术疗法协会理事

　　心理咨询自诞生以来，已经走过一个多世纪的历程。而今，心理学界逐渐意识到，我们所习惯使用的以语言沟通为主的心理咨询具有其局限性。面对时代的发展对心理咨询提出的新需求，心理学界发展出了各种形式的艺术治疗，即在咨询中综合运用艺术创作和语言表达开展工作。

　　由于艺术形式多种多样，所以艺术可以为每个人所用，不论其年纪长幼，甚至身心障碍者都可以从沉浸于艺术创作中获得愉悦的体验。实践证明，不仅艺术创作本身对人的身心健康具有良好的促进作用，而且在咨询师的陪伴和守护下开展创作活动对许多心理问题都具有显著的疗愈效果。

　　美国艺术治疗协会（American Art Therapy Association，AATA）对艺术治疗（Art Therapy）的定义为：艺术治疗是通过艺术的形式，在心理治疗中运用工具或媒介，让人们可以通过语言和非语言的表达，以艺术创作的经验去探索个人的问题及潜能，以协助人们的内心体验与外在现实更趋一致。英国艺术治疗协会（British Association of Art Therapists，BAAT）对艺术治疗的定义为：艺术治疗是一种借助绘画、雕塑等艺术媒材，在治疗师的协助下，人们进行视觉心象表达，并借此心象表达把存在于内心的、未表达出来的思想和情感进行外显视觉呈现的治疗方法。表达和呈现出来的心象作品具有诊断和治疗的功能，为治疗师和当事人提供了治疗期间的工作目标。治疗期间，当事人的情感常常体现在艺术作品里，并在治疗关系中得以处理和解决。以上对艺术治疗的定义让我们了解到，艺术作品是个人探索自我内在、发现真实自我的旅程，艺术表达也是语言沟通的自然延伸。因此，在语言之外，艺术治疗为人们提供了以非语言的方式进行表达、沟通的机会，提供了发现、认识与重新理解自己的机会。

从 20 世纪 60 年代起，艺术疗法在日本逐渐得到普及，并且日益发展，形成了自己的特色。自 1969 年成立以来，日本艺术治疗学会已经有半个多世纪的历史。特别值得一提的是，日本学者山中康裕教授于 1999 年在巴黎召开的国际心理治疗大会上指出，所谓"艺术治疗"的表述不够准确，并提议将其改为"表达治疗"（Expressive Therapy）。正是他的这一提议使艺术治疗这个概念得以拓展。之后，为了凸显表达治疗中艺术的重要性，心理学界就将其统一称为"表达艺术疗法"（Expressive Art Therapy）。

由于运用了绘画、沙游、舞蹈、音乐、心理剧、写作、游戏、曼陀罗等丰富多彩的艺术形式，表达艺术治疗达到了从外表到内在、从身体到心理的体验性介入，从而在现代心理治疗领域获得日益重要的地位。

我在日本常年从事青少年心理咨询工作，第一次遇到动力家庭绘画时，我被其深深震撼。青春期孩子的问题大多与家庭有密切的关系，于是我常常邀请孩子们画出他们的家庭，并和他们一同欣赏和分析他们的画作。我很惊讶孩子们借着纸张和画笔展示自己心声的能力，同时对他们在接受这种形式的咨询后获得的成长也感到惊讶。他们以独特的方式表达发生在家里的有趣故事，其画面生动而丰富，不像其语言描述那般孤单、寂寞、无力。我们借由孩子们的绘画表达探知他们的心事，发现他们心里的苦闷与困扰，并协助他们释放这种情绪，以达成问题的解决。

表达艺术治疗在中国的发展已经有几十年的历史，且应用范围非常广泛。在咨询对象以青少年为主的学校心理咨询中，在促进社区建设的团体活动中，在增加自我理解的团体咨询中，表达艺术治疗都是很好的工具和帮手。在这些年理论和实践积累的基础上，在人民邮电出版社普华公司的努力下，我们得以有机会出版表达艺术治疗的系列图书，华东师范大学严文华老师的这本《画树读心》是该系列图书的第一本。后续我们还会推出音乐治疗、舞动治疗、沙游、心理剧、曼陀罗绘画、摄影治疗等有关的图书。

期待表达艺术疗法在中国生根发芽、开花结果，期待表达艺术疗法可以陪伴和帮助更多受困者看到前面的光明。

是为序。

写于难忘的 2020 年春天

日本大阪

　　亲爱的读者，欢迎走进心理学这个深邃的世界。在这个世界里，我们会走进一座迷人的植物园，请停留在属于你自己的那棵树前。这棵树是你内在心理世界外化成树的形象。通过图画心理这个"神奇的"工具，通过树的形象，你有机会看到它对你生命历程的镜映，了解自己的人格特征，了解自己的生命能量状态，了解自己在当下生命发展阶段所面临的最重要的议题。

　　通过阅读本书，你可以了解树木人格图这项技术，并且把这项技术用在自己身上，帮助自己做自我分析、自我探索和自我整合。当你熟练掌握这个工具后，你就有机会通过他人的树木人格图，深入了解他人。

　　树木图有不同的名称，包括树木人格图、画树测试、画树测验等。在本书中，为了简单起见，我们称其为"树木图"。树木图是请人们在A4纸上用铅笔画一棵树，然后由经过训练的心理学工作者根据当事人画出的这棵树对其心理状况进行评估。

　　图画技术有很多不同的主题，如自画像、房-树-人、家庭动态图、心理魔法壶、雨中人等，我之所以选择从树木图开始介绍图画技术，有以下五点考虑：第一，树木图是目前发展得最为成熟的图画心理工具，它不仅被大量应用，更重要的是有具体的实证研究给予其强有力的支持；第二，树木图是元素单一的图画工具，像房－树－人就包含三种基本元素，解读起来便更复杂；第三，树木图的操作比人物画像更简单，在多年的实践经验中，我发现，对任何年龄的群体来说，让其画人物像都不是一件容易的事情；第四，虽然树木图的操作简单，但它的心理学含义非常丰富，树的成长在各个方面都可以用来比喻人的生命发展，从简单的树木图中，可以解读出丰富的人生；第五，树木图在各个领域得到广泛的应用，它适用于各种群体。例如，可以用它作心理测试，可以作为选拔人才的工具；在心理咨询中，树木图也是与来访者沟通的很好的媒介；树木图还可以用作个人成长的工具，等等。

树木图主要运用投射技术实现以上各种功能。在本书中，我会邀请你画出自己的树木图，你画的这棵树就是你的内在世界外化成自然界中的树的形象。你的内在世界本来是无形而深不可测的，其真实面目无法被瞥见，但通过你的图画，它以有形、质朴、具体、真实的形象展现在你的面前。阅读本书后，你可以从树木的形状和位置、图画的大小、绘画的笔触和线条以及画中的环境及附属物等角度对自己画的树木图进行解读，读出图画的象征性含义，从而更深入地了解自己。

本书的写作遵循由浅入深、由部分到整体的逻辑思路。同时，本书也包含多幅图画，所以在阅读文字的同时，你也可以结合这些图画进行理解。全书分为四大模块。

在第一个模块中，我会介绍树木图的操作、树木图的基本原理和基本功能，以及操作时的注意事项。

在第二个模块中，我会以从局部到整体的方式介绍树木图的解读要点。我们先评估画面的大小、树在画面上的位置、绘画的笔触和线条以及树的种类等，然后对一棵树按从下往上的顺序依次进行局部解读，从树根、树干、树枝、树冠到树叶，最后再解读附属物和环境。当然，我也会对作画过程进行解读。同时，我还会提醒读者注意在解读过程中应遵守的伦理守则。也请读者在阅读的过程中进行自我反思：你能从自己的图画中读出什么？

在第三个模块中，我会介绍如何通过树木图实现自我成长。一方面，我会给出一些通过树木图促进个人成长的案例，帮助读者学习从整体上解读图画；另一方面，每解读完一张图画，我希望读者根据指导语创作一幅新的图画。这样，通过画树和反思，你便可以实现自我成长。通过与树的对话，你就有机会感受自己生命能量的流动：树根在地下与大地母亲紧密相依，吸收树木成长所需要的养分；树干和树枝源源不断地将这些养分向各部分输送；在枝头，每一片树叶都在进行光合作用；整棵大树根深叶茂，生机盎然。借助这样的意象，你就有机会整合自己的内在世界，让自己的生命能量不再被禁锢，而是健康地流动起来。

在第四个模块中，我会介绍树木图的其他操作方式。树木图只是图画心理技术中的一个分支，根据活动目标、对象特点、拥有的时间和空间及物料资源，树木图还有很多其他有创意的操作方式。例如，可以画彩色的树，可以两人一起画树，可以团队合作画树，可以画家庭树，可以画四季的树，甚至可以拓展到画不同的植物。所有这些有趣的部分，我都会在第四个模块中予以介绍。

在写作本书时，我同时考虑了三条技术路线。第一条技术路线是图画心理技术。图画心理是本书的立足点，所以本书内容会围绕树木图展开，尤其着重于如何解读树木图、如何利用树木图促进自我成长。

第二条技术路线是心理咨询技术。图画技术属于表达性艺术治疗的一个分支，而表达性艺术治疗则属于心理治疗／心理咨询（以下简称"心理咨询"）大家族的一个分支，所以本书对图画的解读也运用了心理咨询的相关理论，包括精神分析和其他一些心理咨询的理论与技术。我还会特别强调一点——心理咨询的专业规范和伦理，这一点可以帮助学习这门技术的你成为一个有心理学专业素养的人。

第三条技术路线是自我观察和自我反思技术。反思能力是可以使人们更清楚地了解自己，从而改变自己行为的一种能力。那我们该如何进行自我观察、如何提高自己的反思能力呢？通过图画进行反思，这是我在多年培训心理咨询师的实践中总结出来的非常重要的一种方法。在本书中，我会邀请你就一些主题画出自己的图画，通过体验式的阅读，让你和自己的情感产生真正的联结，这样，你便不是机械地记忆书中的知识，而是用你的全身心在体验。我会运用各种方式帮助你进行观察和反思，如提出一些结构化的问题等。学习树木图，首先你要将该技术用在自己的身上，只有对自己有用的技术，你才有可能用在他人身上。

所以，图画心理技术、心理咨询技术、自我观察和自我反思技术构成了本书的三条主线。

期待在图画心理的迷人植物园中，你能放慢自己匆忙的脚步，找到自己的那棵生命之树，为它驻足停留，对它细细凝视，聆听它要告诉你的生命密语，让自己的生命从此有树相依，增强生命的确定感和稳定感。

# 目录

## 第二模块
## 解读树木图

## 第三模块
## 通过树木图实现自我成长

第一模块

# 认识树木人格图

# 1 图画心理技术大家族

本章介绍四个内容：图画技术大家族的成员、其发展历史、不同的理论取向，以及邀请你画出自己的第一张树木图。

## 树木图及图画家族

树木图属于图画心理技术的一种，而图画心理技术的种类非常丰富。在学习树木图前，我们先了解图画心理技术的种类。按照不同的标准，图画心理技术有不同的分类。

从给予刺激的形式，可以分为给予图片和给予指导语两种类型。罗夏墨迹测试和主题统觉测试便属于给予图片类型。这些测试的方法是给当事人呈现一些图片，让当事人根据图片说出自己看到的形状或内容，或者根据图片讲述一个故事。所有的图片都是经过精心挑选的、标准化的图片，这些图片看上去都模棱两可，所以当事人可能有各种反应。例如，同样一幅图画，有人看到的是蝴蝶，有人看到的却是蝙蝠，还有人看到的是跳舞的人。受过专业训练的心理学工作者把被测试者的所有反应都记录下来，并根据这些反应分析其心理特征。还有一种类型是给出指导语，让作画者自己创作图画。树木图就属于这种类型。

在作画者自己创作图画这个大类里，按有无主题，又可以分为命题图画和自由图画。命题图画就是给定具体的题目，如"请画一个人""请画一

图 1-1　房 - 树 - 人

位异性""请画出房 - 树 - 人"（图 1-1）。而自由作画则是不设任何限制，作画者想画什么就画什么，涂鸦就属于这种类型。树木图显然就属于一种命题图画。

按完形和非完形，图画可以分为完形图画和非完形图画。完形图画就是在给定图案的基础上完成图画，如提供一个圆形让当事人增加图案；非完形图画就是除完形图画外的图画。树木图就属于后者。

按指导语的结构化程度，图画可以分为完全没有结构和非常结构化，涂鸦属于前者，没有具体的要求，如图 1-2 所示，它就是一张自由作画的作品。风景构成法属于后者，需要完全根据指导语的内容和顺序来画。树木图介于两者之间。

从图画数量方面分类，图画可以分为单幅画和多幅画。在大多数情况下，树木图是单幅画，但根据需要，也可以发展为由多幅画组成的系列画，

图 1-2　涂鸦作品

如法国心理学家斯托勒发展出来的连续画四棵树的技法（Stora，1963）。心理魔法壶就是多幅画或者称之为系列画，因为作画者需要画 6 幅画（图 1-3）。系列图画能够帮助人们就某一主题进行更深入的探索。

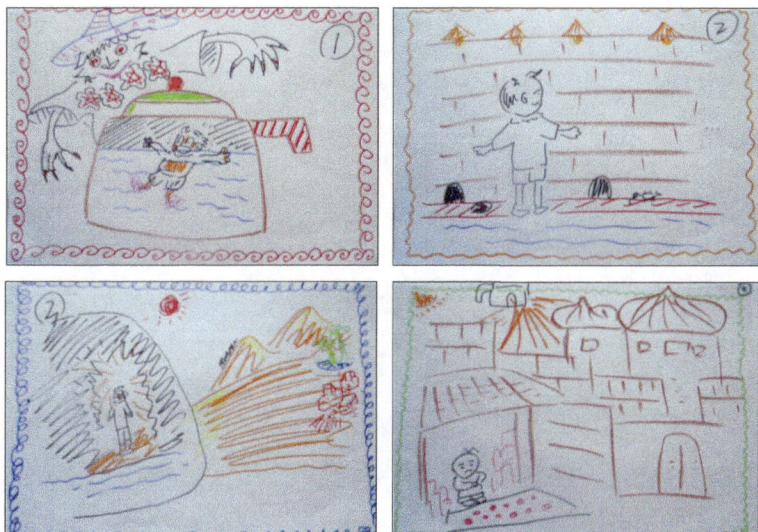

**图 1-3　心理魔法壶**

从作画者的数量来看，除了自己一个人作画外，还可以几个人一起作画。本书的树木图是由一个人独立完成的，故称作单人画。而由两人或多人一起合作所作的画就是多人画，如两人或多人一起画七格画、九格画等。多人图画还有一种形式是家庭成员一起作画，其中既有每个人独立画的图画，也有全家人一起合作画的同一张画（Landgarten，1981）。

根据作画人年龄的不同，还可以分为儿童图画和成人图画。因为学者们发现，与成人图画相比，儿童图画具有鲜明的特点，儿童图画的艺术特征、内容和复杂性受其年龄影响（Lowenfeld，Brittain，1987），所以需要分别进行研究。在图画心理的发展史上，对儿童图画的研究早于对成人图画的研究。

从目标和用法的角度，有时我们把图画作为一种心理测验工具，通过它来了解当事人的心理状态，如画人、画树、画家庭动态图等。还有一些图画可以用来建立关系、放松心情或者热身，如团队作画、自由涂鸦等。

除了以上提到的图画类型，还有对图画技术的创意性使用。例如，图画和咨询技术相结合，如温尼科特发展出的"涂鸦游戏"（Squiggle Game）——在咨询中，咨询师和来访者可以轮流画画，通过图画来更深刻地理解孩子（Winnicott, 2016）；或者在咨询中边画画边讲故事，非言语和言语的部分同时工作。此外，还可以使用粘贴画，或者粘贴与绘画结合。图画可以与心理剧结合，如可以用作画热身、选出主角等。图画可以与音乐相结合，例如，可以用音乐作为刺激，根据听到的音乐产生图画作品，或者画完之后演奏音乐。图画可以与舞动治疗相结合，例如，可以先画画，之后用身体动作把图画表达出来，或者先用舞动热身，随着身体的摆动，让手中的笔自然地在纸上留下痕迹，这就形成了涂鸦作品（Kwiatkowska, 1978）。图画技术可以激发无限的创意，一旦掌握了它，你就会发现一个新的世界。你可以根据自己的目标、对象、资源等，决定如何使用图画技术。

## 树木图的历史

我们先了解一下树木图的前世今生。第一个运用画树进行测验的人是埃米尔·贾克（Emil Jucker）。他是一名瑞士职业顾问，从20世纪20年代开始，他便把画树测验应用于临床诊断上。他对各种文化史和神话进行了长期的研究，经过深思熟虑，才发展出画树测验，并且在职业指导中开始实践。

第一个系统运用画树测验并把它整理成书的人，是瑞士心理学家查尔斯·科赫（Charles Koch）。科赫在1949年出版了一本德语版的《画树测验》。在这本书里，他不仅介绍了画树测验的标准指导语，而且呈现了70种关于树根、树干、树冠和果实的特征，解读了这些特征所象征的人格含义，可谓图文并茂。这本书只有88页，是一本非常薄的小册子。当时他的分析所运用的原理主要是笔迹学，而且由于他缺乏写作经验，所以整本书逻辑不够清晰，书中的一些结论也显得比较武断，即他并没有讲推理过程，就直接给出了结论，所以这本书当时并没有引起很多人的重视。该书后续又修订了两次，1957 年出版的第三版有 258 页，这在当时算一本较厚的书了。在修订过程中，他对整本书的逻辑也进行了调整，使其变得更加清晰。唯一没变的是依旧为德文版。这本书在出版后的很长一段时间里都没有引起太多人的注意。

美国心理学家约翰·巴克（John Buck）是第一个系统地运用房 – 树 – 人（以下简称为房树人）测试的学者。他实践该方法 10 多年之后，在 1948 年发表了第一篇关于房树人的论文，当年又发表了其他两篇关于房树人的论文。1966 年，这些相关的论文被汇集成书。该书是大家现在熟知的房树人测试最主要的一部早期著作。在巴克的研究中，房树人包含三个基本要素，即房屋、树木、人，所以它比树木图更为复杂。

## 树木图的理论取向

介绍了树木图在图画大家族中的位置之后，我还想介绍一下本书的理论方向。艺术治疗有很多种不同的理论取向，在这里我不展开讨论。通过自己的实践经验，我总结出树木图的三种取向：测验取向、咨询取向和个人成长取向。

当我们说"树木测验"时，这是一种测验取向，它是指把画树作为一种测验工具，按照一定的标准，对人们所画的树木图进行系统性的评估分析，对当事人的人格或心理状况做出判断，这是第一种取向。

第二种取向我称之为咨询取向。它是指在心理咨询过程中，把树木图作为沟通的媒介，咨询师通过树木图可以更多地了解当事人的内在世界，也可以通过对树木图的探讨与来访者建立更好的咨访关系。

第三种取向是成长取向。它是指把树木图作为了解自我的工具，通过树木图可以更好地了解自我的内在世界，并且在此基础上，解读自己生命发展过程中的重要密码，拥有更清晰的自我意识。本书采用的就是第三种取向。

除此之外，有人可能对树木图与常见的房树人之间是否具有关联感兴趣。房树人也是图画心理技术的一种，但它包含了三个基本要素，即房屋、树木、人，所以它比树木图更为复杂。对树木图的学习可以成为房树人技术学习的一个前导，掌握了树木图这个工具，可以帮人们更好地了解房树人这个工具。从某种意义上来说，本书包含图画心理的基本内容，所以读者了解了本书介绍的树木图这个工具，对于其他图画心理技术，都会有一种豁然开朗的感觉。

到目前为止，树木图是发展最成熟的图画心理工具之一。它不仅被大量相关的实证研究支持，还在各个领域得到广泛应用：在心理测试领域，它被用于了解人们的人格特征，也被用于选拔人才，但它很少作为单独的测试工具使用，而是和其他人格测试工具一起使用；在心理咨询领域，它被用于个人咨询、家庭咨询和团体咨询中；在个人成长中，它被用于帮助个体更深入地了解自我。它在针对特定群体的应用中也很普遍，如对特殊教育的人群、医院的病人、参加培训的人等。

## 你的第一幅树木图

**成长·操作**

看完上述介绍，我想邀请你画出自己的第一张树木图。在尚未阅读后面的理论之前，你画出来的树木图更加纯粹和真实，如果读完后面的内容再画，你便可能会受到所读信息的干扰。而且，就学习的顺序而言，现在画出自己的树木图，你就有机会一边阅读，一边对自己的画作予以解读。

请你先准备好 A4 大小的白纸、4B 铅笔和橡皮。4B 铅笔在纸上留下的痕迹会比较清晰，所以绘画中你不需要用很大的力气。

另外，你需要在安静而不受打扰的空间内，让自己的情绪处于平静状态后再作画。然后，请根据下面的指导语作画：请你在竖着的 A4 纸上画一棵树，你想怎么画都可以。请记录自己作画的开始和完成时间。

我建议你买一个 A4 大小的素描本，在纸的正面作画，在背面回答问题或者写下你的反思，并记下每一次作画的日期。本书的第三部分还会介绍更多主题的图画，第四部分则会介绍树木图的其他运用方法，你可以把它们都画下来。这样，阅读完本书，你就拥有了一本自己的树木图画成长日记，这将是你个人非常宝贵的一个记录。如果你只是随手画在一张纸上，图画就很容易散落或丢失，当你想回顾整个成长过程时，就不易找到它们。

## 2 树木图的指导语和基本操作

### 画树木图的准备工作

相信你已经完成了自己的第一幅树木人格图。如果你还没有完成，建议先停止阅读，画完之后再继续，这样能确保你的图画不受下面内容的影响，让它成为一幅比较纯粹的、能够反映你真实状况的树木图。

首先，我们来了解需要做的准备工作。首要的一件事自然是准备材料。前文已经讲过，需要一张 A4 白纸、一支铅笔（最好是 4B 的），还有一块橡皮。

但在实际操作中，大家作画很容易用不规范的材料。例如，从笔记本上随便撕一张纸就开始作画，或者使用不是 A4 大小的纸作画，或者用水笔或圆珠笔作画，这些都有其弊端。

规范的施测材料是 A4 白纸，因其长宽已固定，这样更便于我们观察图画的内容。如果纸上原本就有横线或竖线，它们就会干扰我们作画，可能让最终画出来的线条并非我们本来想画的样子。如果纸张大小不是 A4，我们对画面大小的判断就可能会受到影响。

你可能会有一个疑惑，即橡皮是不是必要的。但是，橡皮是有意义的，因为有些当事人觉得自己不具备作画的技巧，有了橡皮就相当于为其提供了安全保障——知道图画是可以涂擦、修改的，他们就可以放心大胆地动笔了。如果我们提供了橡皮，但当事人并没有把画错的痕迹擦掉，这其中也蕴含着一些意义。但如果因为没提供橡皮而导致当事人不能涂擦，其含义就会不同。所以，提供橡皮是一种标准操作。

有人会问是否可以用彩笔？规范的材料要求使用的是铅笔。之所以使用铅笔，是为了方便当事人涂擦，增加其可控制感，同时也让当事人有机会观察作品的笔触、线条、阴影等。如果用彩笔，没有了可以涂擦的功能，对笔触的观察也有可能不精准。不过使用彩笔有一个优点，即我们可以通过观察颜色这个线索，了解更多关于情绪方面的信息。所以，如果是团体活动，组织者可根据活动目的来决定提供什么材料，可以只提供铅笔、橡皮，让参加者画铅笔画；也可以只提供彩笔，要求参加者画出彩色的树；还可以既提供铅笔、橡皮，又提供彩笔，让参加者自由选择。

准备好材料之后，还要准备好作画所需的空间。画树木图需要一个安静、不受打扰的空间，这是为了让作画者能够在平静的情绪中不受干扰地完成自己的创作。如果周围环境嘈杂、有人不停地进进出出，作画者便可能无法静心作画，最终画出来的内容反映的可能是烦躁不安情绪下的自我状态。

很多人在学习或工作的过程中喜欢听音乐，那是否可以一边听音乐一边画树木图呢？我的建议是：在标准施测中，不要听音乐。因为音乐本身会触发人们的各种情绪，而标准施测需要作画者保持情绪平静。在不同情绪状态下，人们画出来的图画的内容也会有所不同。但是施测者可以根据活动目标做出决定。如果你希望被测者通过作画表达自己的情绪，为此需要用音乐启动情绪，或者在一些热身活动中需要用音乐激发作画者内在意象的出现，则可以边听音乐边作画。

可能读者会生出另一个疑惑，只能在情绪平静的时候画树木图吗？悲伤、难过或悲愤的时候可以画吗？树木图的标准施测要求当事人在情绪平静的时候作画。但如果活动的目标是帮助人们表达情绪，当然可以在处于各种情绪状态的时候作画——悲伤的时候可以画，沮丧的时候可以画，情绪低落的时候可以画，喜悦的时候也可以画。通过观察和比较自己在不同状态下画出的图画，你可以更清楚、更直观地了解自己的情绪。

还有人问："可以一边聊天一边画画吗？"在标准施测中，我不建议这么做，因为我们是把树木图作为自我觉察的工具，作画的过程其实也是与自我进行对话的过程，你需要一个空间。而当你边说话边作画的时候，你的大部分心理空间和注意力都被外在的谈话占据，你就很难深入自己的内在世界中，所以画出来的画所能传达的深度及其与自我的联结也就有所限制。但在个体咨询中，可以用"画画讲故事"的技术，即咨询师和来访者轮流作画，边画画边讲故事，在这个技术中，作品创作是和言语表达联系在一起的。

除了这些准备，你还需要了解标准指导语。标准指导语非常简单，只有一句话："请在竖着的 A4 纸上画一棵树。"也可以说："请把 A4 纸竖着放，然后在上面画一棵树。"有时候我也会用"请画树"这样的指导语。因为这句话的英文表述是"draw a tree"，树这个词前面有个定冠词"a"，翻译成中文则是"请画一棵树"，但实际上，人们是可以画两棵或更多棵树的。所以"请画一棵树"或者"请画树"都是比较标准的指导语。

还有一点是关于纸张的放置。在标准施测时，我建议纸张竖着放置，这样更能体现树木生长的方向和趋势。但如果不是标准施测，也可以根据活动目标进行调整。例如，在咨询中，如果想给来访者更大的自由度，可以不规定纸张摆放的方向，让来访者自由选择。

你可能还有各种各样的问题，例如，"我可以画果树吗？"我会说："你想画什么树就画什么树。"如果你问我："除了树之外还可以画其他东西吗？"我会说："只有树是必须画的，其他的你想画什么就画什么。"如果你问我："我不会画画怎么办？"我的回答是："我们不是考察你的美术功底，也不会对你画出的画进行打分或评价，请你想怎么画就怎么画。"还会有人问："我只能画现实中的树吗？"那我的回答是："你想怎么画就怎么画，可以画现实中的树，也可以画想象中的树。"总而言之，作画的要求非常简单，除了画树这个基本要求之外，画面上的其他内容都由你决定。

## 作画过程的观察与记录

对于作画过程，你需要做一些观察和记录。

首先，你要记下自己开始作画的时间和完成的时间，这样你就可以知道自己画树木图所用的时间。

其次，你需要记录的其他内容包括但不限于以下几点：作画的顺序，即先画的什么，再画的什么，最后画的什么；如果你在作画过程中有涂擦，则应记录自己做了哪些涂擦；如果你在作画过程中涌现出了一些情绪和感受，也可以记录下来。不过需要提醒的是：不要边作画边记录，而是在画完之后立刻记录。如果你是一名心理咨询师，你的来访者在作画的过程中可能会有些其他动作，如作画过程中突然停下来或者把画撕掉等，你也要把这些记录下来。在本书的后面章节中，我会讲解这些信息具有的意义。

## 作画之后的自我反思

作画之后的自我反思非常重要，这也是本书的重点内容。你可以拿出你的画，边阅读书中列出的问题，边在你的图画背面做出回答。安静的环境更有利于你进行反思。

自我反思有不同的层面和深度，我在本书中呈现了三个层面。

首先列出的是进行基本反思的问题，这些问题都与树木图有直接关系，即最基本的问题。

1.这是一棵怎样的树？你能不能用几句话形容一下这棵树？

2.这棵树生长在什么季节？

3.这棵树生长在什么地点？它生长在院子里，在道路的两边，在原野里，在半山腰，在山谷中，还是在水边或池塘边，或者其他任何地方？

4.你会给这棵树取什么名字？

其次，如果你想进行再深入些的反思，还可以回答一些延伸性的问题。

1.这棵树有没有最强壮的部位？如果有，是什么部位？

2.这棵树有没有枯萎的部分？如果有，枯萎的部分在哪里？引起枯萎的原因是什么？

3.这棵树是否会开花？如果会，是怎样的花？是否会结出果实？如果会，是怎样的果实？

4.画面中是否呈现了风？如果有，风是从什么方向吹过来的？风的性质是什么？是很大的风、微风，还是中等的风？有雨吗？如果有，是什么样的雨？

5.画面上除了树之外，还有没有其他内容？如果有，都有什么呢？

最后列出的是一些具有深度的问题，便于大家进行更进一步的探索。

1.这棵树会有怎样的过往经历？能否给它编一个故事并讲出来。

2.这棵树在成长过程中曾经遇到过哪些重大问题？对这棵树而言，曾经发生过哪些重大事件？

3.这棵树成长的环境是否发生过变化？如果是，具体是怎样的变化？

4.你对画出的这棵树是否满意？对哪些方面满意？对哪些方面不太

满意？

5. 如果让你再画一棵树，你会画一棵怎样的树？

每个人可以根据自己希望探索的深度来决定回答哪些问题，你可以对三个层面的问题都进行回答，或者你也可以只就其中的一部分问题进行反思。

如果你是咨询师，你也可以根据自己与来访者的咨访关系、来访者对你的信任程度以及咨询的时机进行综合考虑，最终确定讨论哪些问题。

# 3 图画是心灵的镜子

## 图画治疗与表达性艺术治疗的关系

在前言中我曾提到过，树木图属于图画心理技术的一种，而图画心理技术又属于表达性艺术治疗的一种。什么是表达性艺术治疗呢？它是一种把音乐、舞动、图画、戏剧、沙盘、写作等形式作为工具或媒介的治疗方式，这种方法可以运用在心理咨询中，其特点是将非言语为主的、自发性的、创造性的活动和言语相结合，以便探索个人的问题，协助人们达到心身平衡。

关于表达性艺术治疗的理论取向，学者们有许多不同的说法。我认为，至少可以归纳为三种：第一种理论取向认为艺术作品是心理咨询的媒介，在这个理论取向中，来访者和咨询师的关系在其中起着最重要的作用。咨询师引导来访者创作艺术作品，并与来访者对之进行讨论、分析，咨询关系在其中发挥重要作用。这个取向强调的是来访者的艺术作品通过咨访关系起作用（Naumburg，1958，1966）。

第二种理论取向是艺术治疗。它强调创作艺术作品的过程本身就具有疗愈性（Kramer，1979，1992）。在这个理论取向中，咨询师充当的角色是教育者、艺术家，其作用在于鼓励来访者进行有创意的创作，为来访者提供技术上的协助和情绪上的支持，而不是分析其艺术作品。这个理论流派强调让来访者从艺术中获得领悟，因为艺术本身便具有疗愈性。

第三种理论取向是人本主义。该理论取向强调关注来访者本人创作的作品，把艺术作品当作人们表达其自我觉察及进行团体互动的工具。在这种理论取向中，咨询师一方面作为专业心理工作者关注来访者这个人本身，另一方面作为艺术治疗师关注来访者的作品。该理论强调，来访者本人可以通过艺术作品获得启发，该理论也鼓励来访者对自己的作品进行解读。在本书中，我综合运用了第一种和第三种取向，即艺术作品既是心理咨询的媒介，也是作画者洞察自我的工具。

## 图画与潜意识的关联

为什么说图画是心灵的镜子？这个问题的第一个关键词是"图画"，此处指代图画心理技术。图画心理技术是指通过线条、色彩、构图等非言语的表达方式以及言语的沟通帮助个体了解其内在世界、进行个人成长的心理咨询方法。在本书中，我们会借助言语的部分，对非言语的图画进行解读，这样我们就可以更清楚地了解自己的内在世界。

该问题的第二个关键词是"心灵的镜子"，运用投射技术，图画能够让我们了解自己的内在世界。在前言中，我提到了投射技术，该术语在此是指给当事人呈现一些模棱两可的刺激，让其做出反应。当事人会把自己的无意识和潜意识反映在其中。在树木图中，呈现的刺激为言语刺激，请作画者在 A4 纸上竖着画树。这个指导语没有任何额外的限定，人们可以自由发挥。借助这个图画，我们就可能把自己的意识和潜意识表达出来。所有的艺术作品都是艺术家意识和潜意识的表征。

按照弗洛伊德和荣格的理论，人们的潜意识是不能够直接被认识到的，潜意识处于被压抑的状态。只有在不经意的情况下，人们通过口误、失误、梦、艺术作品才会在无意中将其表达出来。例如，在开幕式上，主持人说："我宣布，现在会议闭幕！"底下的人一片哗然，不应该是开幕吗？这是一个重大的口误，它可能揭示出主持人是多么希望现在会议已经闭幕，他在内心里希望自己现在主持的是闭幕式。图画的作用与之类似，它会在不经意间表达出我们的真实想法。

早在 20 世纪初，人们就曾经关注过图画与个体潜意识的关系。最初被关注的是精神分裂症患者的图画，人们试图对他们自发性的图画作品进行分析。例如，德国精神病学家、海德堡精神病学系主任卡尔·威尔曼斯（Karl Wilmanns）和美术史论家汉斯·普林茨霍恩（Hans Prinzhorn），后者收集了 5000 多件精神病人的艺术作品。1922 年，普林茨霍恩出版了《精神病患者的艺术作品》。普林茨霍恩提出六种基本的心理驱力或冲动，分别为：表达冲动、游戏冲动、装饰冲动、归类倾向、模仿倾向和象征需要。他还提出一个观点：人类的图画，只要能达到体现和传达人类内在现实的程度，不管这种现实是多么奇怪或病态，就必定且无条件地位列于那些令人难忘的图画中，并且被称为艺术品。他的愿望是让人们承认，精神病患者创作的作品也是艺术品，应该从艺术的角度对之予以理解，他的这个观点当时并没有得到人们的认可，因为它太具有超前性。

图 3-1 是英国画家路易斯·韦恩（Louis Wain）画的猫。他是一个酷爱画猫的画家，不幸的是，他在 64 岁时患了精神分裂症，之后 15 年，他一直备受精神分裂症的折磨。但即使在患病期间，他仍然坚持作画。这里呈现的是他画的 8 只猫，你能分清楚哪些是他在健康状态时所画，哪些是他在精神分裂症发作时所画吗？从他的画作中，你可以看到，在精神分裂症患者的眼中，世界是怎样的。从这些图画中，你可以直观地看到，精神分裂症如何一点一点地蚕食了韦恩对这个世界的正常认知。有人将他在疾病发作期间画的猫称为"万花筒猫"，因为那些猫看上去就像人们从万花筒里

看到的变形、扭曲、解体的猫。这些画作便是韦恩心灵的镜子，从他的画作中，我们可以了解他的内在世界。也许看了这些画，你更能理解精神疾病患者了，有时他们行为怪异，是因为他们看到的世界和我们看到的世界不同。

**图 3-1　路易斯·韦恩画的猫**

在弗洛伊德提出意识和潜意识理论之后，人们慢慢开启了从精神分析的角度对艺术作品的分析，艺术治疗逐渐成为治疗精神疾病的重要方式。弗洛伊德是精神分析的创始人和伟大的心理学家，也是艺术品的热爱者和收藏者。在英国的弗洛伊德故居，在他用作咨询室的房间中，陈列着他收集的世界各地的艺术作品。弗洛伊德热爱艺术，也曾潜心研究如何通过艺术作品分析艺术家独特的内在世界，如何通过艺术作品了解他们独特的生命历程。

荣格则走得更远，他是身体力行地把图画分析用在自己及其来访者身上的典范。荣格在其经典著作《红书》中呈现的都是自己的图画，他通过这些图画分析自己的潜意识。此外，在《荣格文集》第五卷第六部分中，我们可以看到荣格在做咨询时用到的来访者所画的图画。

综上所述，图画可以绕过人们的心理防御机制，直达其潜意识，让其被压抑的深层欲望、渴望、愿望得以表达。

## 图画的作用

大量的实证研究表明，运用图画比运用言语更容易建构意象，有时用图画更易于表达梦的内容。荣格自己曾经做过一个梦，梦见整个欧洲血流成河，之后他知道这其实是对第二次世界大战的预兆梦，他后来通过图画把这个梦画了出来。图画可以绕过人们的表达障碍，可以说，一幅图画胜过千言万语。

作为一种艺术活动，因图画不具有限制，所以它可以激发人们无限的创意。即使有成千上万人根据同样的指导语画树，每个人画出的树也不同。每个人都会创造出只属于自己的那棵树。

图画还可以帮助人们把无形的东西有形化，将抽象转换为具象，从而理清自己的思路。例如，我们可以说："请把你的愤怒画出来。"愤怒本来是无形而抽象的，但画在纸上后，我们就可以看到它的具体形状：可能是一座火山，可能是一座冰山，也可能是一棵仙人掌，这就是把无形的感受转换成有形的图画，把抽象转换成了具象。

另外，图画可以把隐蔽的东西明晰化。人们内在的一些情绪、感受和想法，本来是看不见、摸不着的或者是模糊不清的，但是通过图画我们就可以对其有所了解，在这方面它是非常神奇的。我有一个小朋友来访者，在咨询开始时坐在那里一言不发。我问他："你想和我说什么？"他只是摇摇头。他是被父母强迫带来做咨询的，所以对此有强烈的抗拒感。我问他："你愿意画画吗？"他又摇摇头。对他来说，画画可能也是一个比较困难的任务。我又问他："那你愿意在这个纸上画一个点吗？"他从一堆彩笔里选了一支颜色非常淡的黄色的笔，点了一个点。这只是一个微小的动作，但是从这个动作里，从他画的这个点上，我可以一定程度上了解这个小朋友是怎么看待自己的。他像是怕把纸弄疼一样在左下角非常轻地点了一下，如果不仔细看，人们都不会发现在这张纸上有一个小点。从他作画时的动作、这个点的空间位置及其大小，我可以做出一些基本的判断：这个小朋友想隐藏自己。他对别人的任何关注都会感到非常不自在，在人际关系方面他可能也会遇到比较多的困难。他想退缩，甚至可能会有退行（退行是其心理状态或行为回到更小年龄阶段时的样子）。他心底可能有一个愿望——退行到自己刚出生的时刻。通过这个点，这个小来访者的内在世界就外化了，隐蔽的部分也明晰化了。

图画还具有普适性、疗愈性和反复使用性。普适性是指它适用于所有的群体。疗愈性是指在表达性艺术治疗中，有一个流派认为艺术即疗愈，认为艺术活动的创造性和作品完成后的满足感本身就是一种疗愈。图画的反复使用是指可以多次使用。如果用问卷的方式来做心理测试，做一次人们可以接受，做两次勉强接受，但是如果反复做很多次，人们会产生厌烦情绪，也会产生练习效应。但是，艺术创作可以反复进行，而且每一次的呈现可能都不一样，人们在其中可以发挥自己的创造性。

**成长·操作**

在阅读第 4 章之前，我邀请你画一幅画。作画的指导语为：如果把树比作人，请你画一棵拟人化的树并在树上画出人身体的各个部位。在阅读第 4 章时，你便可以通过对这幅画的解读，对自己有更多的了解。

# 4 画树的神奇之处

## 树与人在象征上的关联性

在看到"树"这个词的时候，请展开自由联想，你联想到了什么？你想到的树是什么样的？你的头脑中是否浮现出了各种树的图片？

我们分析树木图的时候，为什么树能够象征人？下面我从四个方面进行阐述。

### 树与人类有天然的联结

树在人类的进化、发展史上占有极为重要的地位。人类对树的崇拜可以追溯到远古时代。在文字还没有出现的时候，人类可能已经在画树的图画了。在远古时代的岩画上可以看到树的图形（图 4-1）。从树的神话原型中可以清楚地看到树对人类的意义。在有些文化的传说中，整个世界是由几棵树构成的，树的枝叶伸展开就成为不同的大陆，这是"世界树"的神话原型。在有的文化中，整个地球就是一棵树，是一棵长在中

图 4-1

央的树，后来这棵树被称为"生命树"。扶桑、若木等是中国古代的神树。据考证，三星堆出土的青铜神树（图 4-2）就是扶桑和若木。《山海经·海外东经》中对扶桑的记载为："汤谷上有扶桑，十日所浴，在黑齿北。居水中，有大木，九日居下枝，一日居上枝。"《山海经·大荒北经》中对若木的记载为："大荒之中，有衡石山、九阴山、洞野之山，上有赤树，青叶赤华，名曰若木。"这些树都被认为具有神性，它们是太阳升降之树，通常被称为"太阳树"，树是神祇和

图 4-2　青铜神树

巫师升降天地的工具和通道，承载着"天梯"的作用。

你可能觉得这些树离自己有些遥远，那请回想下自己身边那些寄托着人们愿望的树：人们渴望永生，于是有了长生不老之树；人们渴望金钱，于是有了摇钱树。树也成为人类各种仪式中非常重要的一部分，如圣诞树是人们为了纪念耶稣的死而复生。

除了反映人们的愿望，树还具有文化象征意义，如橄榄树象征和平。不同文化还赋予树不同的象征含义，如俄罗斯人对白桦树的深厚感情，中国人对竹子、松树和梅树高洁品格的推崇等。所以我们解释国人所画的树木图时，要充分考虑到我国文化的特点，有些国外学者的解释方法便不太适合，因为其中具有跨文化的差异性。

### 树形和人身体的对应关系

在第 3 章的结尾，我邀请读者画棵拟人树。如果你尚未来得及画，建

议你画完之后再继续阅读下面的内容。

在大多数人所作的拟人树图画中，脚可能都会被画在树根处，因为树根显示了人和大地的联系，相当于人的脚。树干是树的支撑力量，维持其自身的存在，相当于人的躯干，代表人的基本内涵和性格。树枝表示其与外界联系的方式，相当于人的四肢。树顶像人的头一样，而树冠犹如人戴的帽子，所以称之为冠。树叶象征着人的毛发。树的导管和筛管输送养料，象征着人的血管。树的花和果则象征着人的人格特征及其发展的最后成果。

我们可以看一下这里呈现的两棵拟人树。这是两位女大学生所画的拟人树。图4-3的树被取名为"童童"，被描述为生长在大森林中的一棵柔美天真的小树。这棵树让我们可以感受到作画者充满灵动之气，她描绘出了精灵般的树

图4-3

木形象，既有天真烂漫，又充满生机。图4-4的树被取名为"歌乐"，被描述为一棵欢乐自嗨的树。这棵树充满了动感和活力，青春的气息扑面而来。

图4-4

这两棵树都极具想象力和个性。在画法方面，相较而言，第一棵树更细腻和写实，第二棵树则更卡通和夸张，这也反映出两位作画者的不同个性：前者相对文静内敛，后者相对活泼外向。

大多数拟人树的画法都

是头在上、脚在下，但也会有比较特殊的画法。例如，有人把头画在树根的部分，因为作画者认为根是一切的源泉，而他非常看重自己的聪明才智。不同的画法反映了作画者对自己身体的感受、对身体的意象及其自我评价。通常对自我满意度较高、对自我评价较高的人，其所画的拟人树的树形也更优美、舒展、挺拔；而对自我不满、自我评价较低的人，其所画的拟人树的树形则可能更矮小、变形、扭曲、怪异。

### 树的角色与人有相似之处

与人一样，树在其生命中也具有多个角色。第一个角色是制造者。树能够从大自然中吸收自己所需要的养分，能够自己制造生命，是一个制造者。第二个角色是转化者。树可以把阳光、水分和养料转化为有机的生命源。第三个角色是媒介者。树可以为其他植物、动物和人类提供食物、阴凉和庇护。第四个角色是与环境和谐相处者。树不单纯是环境的产物，同时它也改变着环境——树多的地方温度较低，湿度更大，生态体系自然不同。所以，从某种意义上讲，树是自身条件和外在环境和谐共处的产物。

你是否觉得这四个角色非常神奇呢？美国著名心理学家、聚焦心理的创使人尤金·简德林（Eugene T.Gendlin）对于植物有一段描述："植物在其生命体中带有信息。它依赖于自己而生，如果环境能够配合提供它生长所需，它会组织身体过程的下一个步骤，并使之发生。植物具有它所处的环境和所需的空气、土壤、水及光的信息。它从这些东西中制造出自己，因此，它带有（甚至可以说是）关于这些信息的信息，但这并不只是关于在它旁边的土壤和水。而是关于植物以这些东西生存，从其中生长出自己的更为复杂的信息"（Gendlin，1993）。

正是由于树和人都拥有这些神奇的角色，所以从树木图入手，我们可以充分利用这些角色所拥有的资源，促进个人的成长。

## 树的普遍性、独特性和多样性能够代表人

树的一个显著特点是普遍性。它生长在世界的各个角落，很少有人没有见过树。与之相对的另一个特征是独特性。即使世界上树的品种和数量繁多，但每棵树仍然具有自己的独特性，甚至没有两片叶子是完全相同的。每一棵树都卓尔不群，这就如同每个人都独一无二一般。人们在借树表达自己时，可以很好地表达出自己的独特性。席慕蓉在《一棵开花的树》这首诗中，写出了对爱情的渴望：

如何让你遇见我

在我最美丽的时刻

为这

我已在佛前求了五百年

求它让我们结一段尘缘

佛于是把我化作一棵树

长在你必经的路旁

阳光下

慎重地开满了花

朵朵都是我前世的盼望

同样是开花的树，唐朝诗人岑参笔下的树就更肆意："忽如一夜春风来，千树万树梨花开。"每个人都可以找到代表自己的独特的树或树的独特性。

普遍性和独特性结合，就呈现出多样性的特点。世界上有很多种树，生长在不同的地区。每种树的样貌、形态、生长周期都不尽相同。有的树开花，有的树则不然；有的树结果，有的树则没有果实；有的树秋天落叶，

有的树则春天落叶。树的多样性使每个人都可以选一种树来表达自己。有人喜欢柳树，一如贺知章写的《咏柳》一诗中的名句："碧玉妆成一树高，万条垂下绿丝绦。"有人喜欢梅树，如苏东坡在《定风波·红梅》这首词中的描述："偶作小红桃杏色，闲雅，尚馀孤瘦雪霜姿。"有人视角独特，看到枯萎的树，一如刘禹锡的慨叹："沉舟侧畔千帆过，病树前头万木春。"他们都借树喻人，借树来表达自己。

树和人还有很多相似之处，如树和树的关系可以类比人和人的关系，又如树的象征含义与人有密切的联结。这两点我会在后文中详细阐述。

## 树与人在象征上的差异性

树的生长是由内而外，而人的成长则是由外而内。树的年轮从内向外生长，最外圈的年轮是最后长成的。瑞士心理学家查尔斯·科赫在其《画树测验》一书中写道："树的生存意味着生命的向外活动，而人的生存则意味着每样东西都向内移动，并且受中央器官的控制，甚至外貌都是由内在形成，心灵为它自己建造肉体"（Koch，1952）。

树似乎永远在生长。科赫在他的书中写道："一棵树在本质上是未成熟的，它似乎一直都是年轻的，直到枯死前，它还是按季节开花结果。我们可以清楚地看出，一棵树从未停止过发展，即使在暮年，它仍然在成长，在我们看不出来它的高度或密度有何新的变化时，它仍然是活生生的，它仍然开花、换叶"（Koch，1952）。尽管科赫的观察有其局限性，但他仍然道出了树的衰老过程与人的有所不同，树的生命力更旺盛。

树不会移动。中国古话说，人挪活、树挪死。这句话非常精准地指出了人与树的不同之处。由于不能移动，树在适应环境的过程中，有其被动性，而人在这方面则拥有很大的主动性。《晏子春秋·内篇杂下》有文记载：

"橘生淮南则为橘，生于淮北则为枳，叶徒相似，其实味不同。所以然者何？水土异也。"但人适应环境和征服环境的能力则比树强得多。

树和人的这些相异之处不会在树木图对人的象征性方面产生很大的影响。科赫有一句话：人类把自己的存在加之于树，而不论树是否具有这些特征。所以，无论如何，人还是会把自己内在的部分投射到树上。人们画出来的树尽管可能具有现实中那种树所具有的特点，但它已不再是现实中的树，而成为人们心理的表征。

另一方面，我们也要意识到，通过树而投射表达出来的人的心灵的部分是有限的，可能是不完整的，也可能是不均匀的。有人通过树木图反映出来的内在部分可以很深入，而另一些人反映出来的就可能比较表浅。有的人反映较多的可能是人格特质，但对另外一些人而言，可能更多地体现了其情绪或创伤经历。所以，将树木图作测试之用时，我们很少单独使用，而是将其与其他工具综合使用；在把树木图作为个人成长的工具使用时，我们也很少只看图画本身，而是要借助与当事人的言语沟通，才能进一步做深入的探索。

# 5 | 如何通过树木图获得成长

## 通过树木图成长的案例

在本章中，我会和大家分享一个具体的案例，展示一个人通过树木图获得成长的过程。该过程共有四个步骤：第一步是通过树木图表达自己；第二步是通过树木图看到真实的自己；第三步是跟随适当的引导；第四步是再次通过树木图表达自己。这个过程可以循环往复地进行下去。

下面我们就跟随案例一起来学习这四个步骤。

### 表达自己

案例中的作画者是一名刚刚进入大学的学生，她的图画是在我的图画工作坊中所画。我们知道，作画的环境和情境都是非常重要的考虑因素。那是一个成长性的工作坊，不以测试为目的，所以我提供的材料不是铅笔和橡皮，而是水溶性油画棒和水彩笔。同时，我在工作坊的团体中营造了一个不评判的氛围。在第一次工作坊中，我给出的指导语是："如果用树来代表你自己，你会画出怎样的树？"这样的指导语可以让当事人自由地表达自己。

## 看到自己

看到当事人画出的这棵树（图 5-1），你会有怎样的感受，会做出怎样的解读？很多人会马上得出一个判断性的结论："这是一棵断掉的树，表明作画者的状态很糟糕。"但我们需要克制自己下结论的冲动，先看一下当事人作画的过程，也给当事人一点空间，让她先解读自己的图画。

图 5-1　当事人第一次画的画

当事人作画的过程非常快，在选择颜色时也没有任何犹豫，拿起笔便开始画，中间没有停顿，换颜色也非常果断，直接选择了新的颜色，作画时没有迟疑和犹豫。在团体中，她属于最先画完的一批人。从作画过程的细节中可以看出，当事人是一个思维敏捷、讲究效率、做事果断的人。

在和她沟通时，我问的第一个问题是："请你指出画面中哪一棵树代表你自己？"尽管画面中最突出的是那棵断掉的树，但我并没有想当然地认为一定是这棵树代表她，"确认"是解读图画必需的步骤。当事人指了指那棵折断的树。在团体中画出这样的树是需要勇气的，只有安全感足够的人才会安心地画出这样的树。接下来我继续用中性的问题来提问。

第二个问题："请你用 3~5 句话描述自己所画的图画。"对方的描述非常简洁："是被台风折损或者遭遇灾难后受损的树。"所以，这是一棵因外力而被折断的树。因外力折断和树在自身成长过程中发生折断具有不同的含义。但台风或灾难对当事人意味着什么呢？在个体咨询中，我们可以对这一问题进行深入讨论，但在团体工作坊中，则不太适合这样做。

第三个问题："这棵树长在哪里？"对方的回答是："这是密林中的一棵树，周围还有很多棵树。"所以这棵树并不孤单，树与树之间的关系也折射出人与人之间的关系。但是周围的树木形成的是竞争关系还是支持关系，目前尚不清楚。

第四个问题："你能用 3 个词或 3 句话描述一下代表你的这棵树吗？"她回答道："这棵树扎根很深，树干粗壮，但现在树断了。"非常积极的信号出现了，树根深入大地，树干粗壮，这都是当事人的资源，所以尽管有"折断"这一现实，但整体画面还是传递出积极的信号。

第五个问题："树现在的状态是怎样的？"她回答道："树现在正在恢复中，正在积蓄力量，与断掉的一切能够重新连接起来。"这个回答传递出更积极的信号，我们在第 4 章中曾提到，树的生命力非常顽强，所以这位当事人用树的顽强生命力代表自己正处于恢复过程中的状态。

第六个问题："在回答了上述问题后，再看这幅画时，你有何联想？"她思忖了一下回答道："折断的树干让我想到我离开家乡、来到这里，周围的一切都是陌生的，虽然到这里来上学是我自己的选择，但真正踏进学校后，我的感受和预想的还是不太一样，周围的同学好像都知道自己要做什么，他们都特别能干，但我好像什么都不知道，我需要花更多时间来适应。"

我知道当事人的状况不是一般意义上的不适应，如果用"折断树干"来比喻自己不适应新环境的状况，这种不适应感应该是非常强烈的。当事人读到的信息可能只是图画揭示出来的一层信息，而图画的象征功能，使其可能蕴含多层含义。我读到的另外一层含义是：当事人在早年曾经经历过重大的创伤，通常是和丧失有关的创伤，而现在进入新环境中的感受激发了其早年的创伤体验，所以，一方面她确实对新环境不适应，另一方面她还承受着早期创伤被激发的扰动。

我的工作方式是充分尊重当事人的选择，相信当事人有自我修复的能力。所以，我要做的就是帮助她理解自己的图画，帮助她找到积极的资源。

### 适当引导

在一周后的第二次团体工作坊中，我做了一次团体引导：让每个人跟随我的指导语做积极想象，首先在头脑中想象出画面，然后再把头脑中出现的树的意象画出来。

### 再次表达和解读

当事人第二次画了一棵不同的树（图 5-2）。她描述说："这是一棵长在原野上的小树，是刚刚长出来的小树，有着郁郁葱葱的枝叶，远处是一片树林。右边有一条路，通向远方。路上还有一些小石子。"

图 5-2

这是一幅非常让人感动的图画。小树代表她重新生长出来的力量和希望。我从她的描述和图画中读到这样一个故事："我从自己熟悉的环境来到陌生的地方上大学，尽管这是我自己的选择，但我仍然感受到了非常大的压力，周围的同学都非常能干，而我是一个什么都不懂、什么都不会干的人。其实之前我是一个能做很多事情的人，但我擅长做的那些事情，在这里好像都算不上优势了。我已经明白，这是由于环境的变化导致的不适应，从现在开始我要重新生长。我是一个非常恋旧的人，我喜欢熟悉的环境，我总是想从回忆过去中给自己找到较多的能量，所以，对我来说，进入新环境不亚于将一棵树连根拔起或者移植到新的地方，我体会到深深的孤独感。但我知道自己是有力量的，是能够从头开始的。我可以安心地做一株小树，小树总会长成大树的，我可以给自己一些时间和空间。这是我自己选择的路，希望就在远方。"

当我私下与当事人分享这个故事的时候，她说我理解了她。她很好奇我是怎么读到这些信息的，可能你也和她一样好奇。我们在第三个模块中会详细讲解图画的解读，在这里，我先简单介绍一下。

尽管"树干折断"提示当事人有重大的创伤，但两幅画都包含了积极的信号。在第一幅画中，树和大地连接在一起，树干粗壮，这本身就代表潜在的生机和生命力。而且，在第一幅画中有很多其他的树，也有大量留白，这代表当事人与环境能够和谐相处，拥有巨大的发展空间。在第二幅画中，树虽然变小了、变得孤单了，但它拥有更强的生命力，具有独立自主的能力，而少了社会比较带来的压力。路的出现是一个非常积极的信号，因为路代表沟通的意愿，代表通向远方，代表希望和理想，路上的石子通常代表障碍物，但是图画中的石子很小、数量也不多，所以这是一条通途，是一条可以指引她走向远方、走向目标的道路。

也许你会感到很神奇，被引导之后当事人就画出了不一样的图画。这是因为工作坊中给出的是有针对性的引导，而且这个引导可以绕过防御机制。从表面上看我是在讲树，但我们在第 4 章中介绍过树和人的相似性，所以在象征层面我其实是在讲人。在引导中，当树发生变化时，其象征层面中关于人的部分也有可能发生变化。

当然，心理学不是魔术，心理咨询不是魔法，图画技术也不是魔法棒，当事人作了这幅图画并不意味着其行为也会马上发生改变。但把新的意象画出来是很重要的一步。通过图画理解自己，是更重要的一步。这个当事人理解到在自己身上发生了什么之后，她对"被折断"的挫折情绪的容忍度就会更高，也会开始理解自己为什么会感觉孤独。她做的新决定是至关重要的：不再继续做一棵被折断的树，而是从头开始，像一棵小树一样慢慢成长。在认清了形势之后，她充分调用了自己的资源，并且有勇气从头开始，重新定义自己。她不再用过往的、已有的成绩或者是遭遇的挫折来定义自己，而是在新的环境中，用新的成长来定义自己。所有这些认知和情感方面的变化，只有落实在她的行为中，变化才能真正发生。

我需要说明一点：这个当事人在两次的工作坊中有如此巨大的变化，与其思维敏捷、行为果敢的人格特质是分不开的。我们不能期待每个人都会产生同样的变化。每个人按照自己的节奏和速度前行、成长，对个人而言就是最好的。

**成长·操作**

该个案带给你怎样的启发？对你有没有触动？也邀请你画一幅新的图画："如果用树来代表你自己，你会画出怎样的树？"画完后，在图画的背面写下自己的反思和作画日期。

# 6 树木图的运用

树木图的用处有很多，可以用在测试、咨询、个人成长中，也可以用在培训和教育活动中。我们在第 5 章中已经讲了一个如何运用树木图做个人成长和团体咨询的具体例子，在本章中，我重点介绍以下两个内容：树木图的测试取向和培训教育活动取向。

## 测试取向的树木图应用

树木图的测试取向是指用树木图做投射测试，通过这个测试了解当事人的人格，以此作为人才选拔和心理筛查的一个依据。"投射技术"这个词我们在前面讲过，这里的投射测验是指人格测量的方法之一——采用模糊的刺激，让当事人在不受限制的条件下做出反应。心理学工作者可以根据图画及当事人的回答，分析其人格特征，甚至可以根据特定的测量手册，对其人格特征进行打分。由于这种方法能够绕过人们的防御机制，所以能较为真实地反映出个体的心理特征。根据当事人画的树木图，心理学工作者可以写出有针对性的人格报告。

关于用树木图作为人才选拔的方法，我们先来看一个例子。下面呈现的两张树木图（图 6-1[①]，图 6-2），分别是 A 和 B 两个人所画。我想请你依

---

[①] 摘自严文华所著《心理画外音（修订版）》一书的相关章节，该书由上海世纪出版股份有限公司发行中心（上海锦绣文章）出版。

次在心中思考以下问题：（1）你愿意选择哪一个作画者做你的同事？（2）你愿意选择哪一个作画者做你的朋友？（3）你愿意选择哪一个作画者做你的男朋友或女朋友？（4）你愿意选择哪一个作画者做你的配偶？

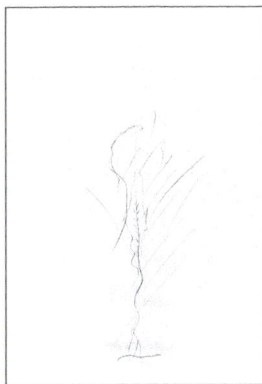

图 6-1　A 的画

图 6-2　B 的画

尽管你还未阅读完整本书，但依旧会根据自己的直觉做出选择，而你选择的过程与选拔人才的过程非常相似：你会先列出自己期待的标准，再衡量对方是否符合这些标准，最后决定选择哪一个人。人才选拔通常也是先确定人才或岗位的要求，再考察树木图中所反映出来的人格特征是否与岗位相匹配。

我们来看一下 A 和 B 是怎样描述自己的图画的。

A 说："这就是我，我就是一棵畸形生长的小树，只开花不结果的小树。这棵树因为被风吹雨打，所以只能在冬天生长。那一条条斜线是风霜雨雪。"他还说自己作画时感受到的是孤独、无助、没有力量。他还特意补充道："这棵树长在根基不稳的沙土上。"

B 说："这是一棵苹果树，生长在草原上，草原沐浴在阳光下。现在处于盛夏季节，果实已经成熟了。这棵树结满了成熟的果实，正等着别人来采摘。"她说自己作画时感受到的是收获的喜悦。

接下来我们仔细地解读 A 和 B 所作的图画，从中了解其人格特征。

A 画的树木图的第一个特点，也是其最大的特点为生命力脆弱。图画中呈现的是一棵瘦弱的树，树干像草一样，非常纤细，看上去非常赢弱。树干和大地似乎都没有接触，好像随时会被折断。而他提到的"这棵树长在根基不稳的沙土上"让这棵树所具有的生命力的脆弱性进一步增大。

其第二个特点为人格和情绪上的不稳定性。整幅画的笔触充满了不确定性，树干和树冠都严重扭曲，这代表了 A 在人格和情绪上的不稳定性和扭曲性。这也意味着他的现实检验能力可能比较差，他感受到的"现实"可能与客观现实有较大差距，他感受到的是扭曲的现实。

其第三个特点为他内在感受中的环境是恶劣的、带有敌意的、迫害性的。在图画中，外在的风和雨似乎要把树吞没。这里的风霜雨雪代表了作画者觉得自己生活在恶意、不友好、带有敌意的环境中，如同《葬花吟》一诗中所说："一年三百六十日，风刀霜剑严相逼。"另外，"沙土"是贫瘠而缺乏营养的。根基在沙土里通常代表作画者从出生就感受到环境是非常不友好的。

其第四个特点为自卑感和懦弱感。他的自我评价非常低，而且有可能是扭曲的。

B 的树木图的第一个特点为生命力旺盛，这也是其最大的特点。画上的树整体形状饱满，树干粗壮，图画中的附属物有绿草、鲜花和蝴蝶，都是充满生机的迹象。所有这些元素都代表作画者生命力旺盛。

其第二个特点为收获感。作画者说果实已经成熟，而且她画的树生长在盛夏。在自然界，盛夏是苹果开始成熟的季节，这两者间的一致性使成熟更具有确定性。图画中的果实成熟代表作画者达到了自己的目标，拥有自我价值感和收获感。

其第三个特点为作画者的人际关系比较和谐，这和图画中呈现的树与周围环境和谐相处是一致的。在图画中，树下有绿草和鲜花，空中有蝴蝶和太阳，这代表了作画者内在的愉悦感及其感受到的环境的友好性。所有这些生物和谐共处也代表作画者在现实环境中能够与周围人和谐相处。

其第四个特点为作画者在人格上具有内在的稳定性，画面中多个元素都表明了这一点：一是画面的整体构图非常匀称；二是图画中出现了地平线；三是树干和地平线有明确而稳定的交集；四是笔触非常明确、干净利落，代表作画者的控制感很好。

其第五个特点为自我评价较高，比较自信。其中有几个元素表明这一点：一是树基本处于图画的中心位置，而且所占面积比较大；二是整个画面主次分明，树占的面积最多，而附属物的面积都较小，且画面布局合理，让人感觉很舒服；三是笔触比较自信，较少有修改或涂擦的痕迹。

分析完这些人格特征之后，回到前面提出的四个问题。你选择了 A 还是 B 呢？你对四道题的选择都一样吗？是不是越往后，你挑选时的标准便越严格？因为根据这四道题所选择的人与你的关系是从远到近的，而对人际关系中的他人，关系越亲密，我们的要求就越高。就我们上面分析的人格特征而言，如果选择 B，可能相处起来更愉快。如果选择 A，则可能选择了非常具有挑战性的关系。

## 培训和教育活动取向的树木图应用

树木图的培训和教育活动取向是指用树木图做培训活动和教育活动，包括组建团队，做人际互动，做特定群体的教育活动等。我们在第 3 章讲过，图画具有普适性、疗愈性和反复使用性。下面我举一个组建团队时如何应用树木图的例子。

在刚组建团队的时候，可以让每个团队成员画一棵树，用树木图代替自画像，目的在于让所有成员相互了解。这种取向可以有多种操作形式，我只讲两种。第一种是画树之后，让每个人介绍自己画的树有什么特点。通过介绍，团队成员就可以更深入地了解彼此了。这种介绍方式更自然，更有新意，大家会感到兴趣盎然，甚至在多年之后仍记忆犹新。

第二种操作是画树之后，让所有人拿着自己的图画，找到和自己画的树相似的人，让画相似的树的人在一起相互认识。通常，画相似的树的人在人格特质上也会具有相似性，所以他们很容易发展为好朋友。

此外，图画还可以应用于特定群体的教育活动中。有些群体在与他人交流时存在困难，但画树活动可以避开人们的表达障碍。但是，在给特定群体做树木图活动前，一定要进行专业评估，即评估参加者适合怎样的活动形式，然后根据参加者的特殊情况来安排适合其智力、体力和能力的活动。例如，如果树木图活动的对象是特殊儿童或养老院的老人，则应考虑到他们手眼协调能力不够好及精细活动能力受限的特点，所以，让他们自己画出树木图可能就不太合适。但是，我们可以提供一些拼贴画的基本元素，准备好各种各样的树、附属物、彩色的卡纸等。在活动中，孩子和老人可以把树木图的各个组成部分拼放在一起，由工作人员帮助粘贴和固定，这样他们就拥有自己的树了。他们在拿起自己的树时，会生出成就感和价值感，因为这是他们自己创作出来的作品。针对孩子，如果条件允许且季节合适，还可以从大自然中收集一些树叶、树枝和果实等，直接使用来自大自然的材料做拼贴树。如果季节不合适，例如，在北方冬天找不到可以用的树叶和果实时，也可以用蔬菜、水果等替代，一样可以拼贴出创意树。儿童的触觉更敏感，他们的手碰触到这些树叶、树枝、蔬菜、水果，会给予其触觉和皮肤觉更多的刺激，也会启动其更多的情感体验。

# 7 在解读树木图时需要注意的原则

　　本章将介绍以树木图为媒介与他人沟通时应遵守的一些基本原则。需要说明的是，这些基本原则仅仅适用于你作为树木图的一名学习者去跟他人沟通树木图的情况。如果你是名心理咨询师，在和来访者工作时，你首先需要按照咨询师的伦理守则开展工作，而不限于遵守本章提到的原则。

## 操作和沟通之前的基本原则

　　从本质上来说，树木图是帮助人们了解自己的工具，也是人们与他人互动的工具。既然涉及与他人的互动，就意味着需要建立关系，而建立关系就需要有一些基本的原则。下面的四条原则基本且重要。

### 善行

　　用树木图帮助他人应该本着为当事人福祉行事的宗旨，充分尊重当事人及其意愿。

### 无伤害

　　要避免在绘制和解读树木图的过程中对当事人造成伤害，即使是无意的、非主观的伤害。树木图是一个非常有力的工具，学习使用树木图这个工具，是为了自助和助人，应尽量避免因其给他人造成伤害，即使是无意的伤害。哪些是无意的伤害呢？例如，对他人的图画进行评价，用审视的眼光看待对方，给予对方并不需要的人生建议等，这对一些人来说可能就意味着伤害。

我从事心理咨询工作 20 多年，很多来访者都提到，他们在生活中备感受伤，尤其是在被他人评判时。尽管他们感受到的被评判、被伤害具有一定的主观性，可能并不是事实的全貌，但这就是他们感受到的世界。就像我在第 3 章中提到的路易斯·韦恩一样。从韦恩的图画中我们可以看到，当他身心健康时，他眼中的猫有着丰富多彩的生活、各种积极的互动。而当韦恩罹患精神分裂症后，他笔下的猫就变形为"万花筒"的样子，在他的眼中，似乎整个世界都是扭曲变形的。当然，韦恩的例子比较极端，因为他所患的心理疾病非常严重。在我们的周围，虽然像韦恩这样认知如此扭曲的人可能不多，但你需要知道一点：他人眼中的世界和你眼中的世界可能并不相同，你的评判或建议并不一定适合他人。我们对他人要有一种呵护和善意。善行和无伤害是运用树木图这个技术的基本原则。

### 关怀

你要基于关怀的动机与他人沟通其所画的树木图，而不是出于自己的窥视欲，不是为了满足自己的权力欲、权威欲和口舌之欲等其他动机。在绘制和解读树木图的过程中，你要关注他人的需求，对他人的需求做出回应。如果对方不需要解读，那就请克制自己想解读的冲动。人与人之间基本的相处之道是相互尊重，在对树木图技术的学习和实践过程中，你也可以练习这一点。

### 尊重隐私

在学习了树木图之后你就会知道，图画反映了一个人的内心世界，如果有人愿意按你的指导语去作画，愿意把自己的图画呈现给你，这本身就是一种最大的尊重和信任。请不要辜负这份尊重和信任。请让当事人决定谈话的内容和深度，让当事人决定坦露隐私的程度。学习这项技术也是在学习如何建立清晰的人际边界，如何尊重他人的隐私，做到对他人的隐私不窥视、不批判、不评价、不传播。当做到这些时，我们便可以更好地接纳自己、接纳他人了。

## 沟通过程中的基本原则

解读图画的目的并不是为了教训和评判他人，不是为了以权威的角色自居去分析他人，而是把树木图作为工具和媒介，与他人做深入的沟通与交流。在就树木图进行沟通的过程中，应遵守三条原则。

### 图画的解读可以是多层面的，没有唯一正确的解读

很多初学者喜欢问这样的问题："我的解读对吗？我和作画者的解读不一样，到底谁的解读是对的？"首先我想纠正一点，对树木图的解读不像考试那样有标准答案，自然也无对错之分。任何一幅树木图都可能蕴藏多种或多层含义，所以也就不存在对其唯一正确的解读，只是我们有时会囿于各种限制而无法读出所有的象征性含义。心理学家荣格曾指出，艺术作品用意义丰富的语言明确告诉我们，它们想表达的意义远比它们已经说出来的更多，我们能立刻认出象征，即使我们可能无法完全令自己满意地揭示其意义。象征永远挑战着我们的思想和感情。这也许能够解释为什么一幅象征作品可以那么令人兴奋，又为什么如此强烈地吸引着我们，以及为什么它不单带给我们审美的乐趣。

### 作画者本人的解读非常重要

每个人都是自己的主体，都有自己独特的生活经历。每一个画树木图的人都是独立的、活生生的个体，都应该受到尊重。图画中即使出现相同的元素，对不同的人来说含义也可能不同。例如，在附属物中，许多人都会画月亮，而其所代表的意义却不尽相同：在有些人的图画中，月亮代表

抑郁，情绪低落；然而在有些人看来，月亮代表浪漫和激情，"月上柳梢头，人约黄昏后"；而在另一些人看来，月亮代表感伤、哀伤和悲伤。我们学习的是对树木图的规律性的解释，但我们同时应谨记，并不是每一幅图画都符合规律性的、一般性的解释。作画者本人的解读非常重要。在第 5 章中我讲到了一幅树干折断的图画。树干折断可以有很多种象征含义，而当事人把它解释为自己对新环境的适应不良，这种解释与其现实生活相映照，对她个人而言有独特的意义。

### 不做过度解读，作画者知道自己需要什么

荣格认为，来访者创作的图画具有治疗的价值。他的观点基于以下两个方面。一是图画在来访者和问题之间、在意识和潜意识之间起到了调解作用，通过画画，那些难以操控的、混乱的想法和感受被赋予了一定的形式，得到了一定的梳理。二是创作图画给当事人提供了一个使问题外化的机会，并由此可以使当事人拉开自己与问题之间的心理距离。荣格运用图画促使当事人和图画之间建立起联系，但并不赞同对潜意识的作品给予过多解释。在与来访者互动时，他对图画的解读通常是整体的、全盘性的，而非局部的、细节性的、破碎的，他极少会把自己的很多解读放在其中。荣格有一句话："通常，手知道怎样解决理智徒劳无功的难题。"所以，是当事人用图画把自己的感受画出来，然后自己接收到图画中传递出来的信息，而不是由他人来做解读。这一点非常重要。

即使作画者一时无法接收到更多的象征含义，那也只意味着他目前只需要这些，而不需要更多的解读。对深层次信息的了解和接收是一个孕化的过程。如果你把自己的分析强加给对方，即使你的解读确实更深入，但对对方而言，时机可能并不合适。这就如同有客人来你家做客，你把自己认为好吃的菜夹到对方的碗里，但对方却一脸为难，因为他不喜欢吃你夹给他的这些菜，而且其中有些菜他甚至从来不吃。他更清楚自己喜欢吃什

么。所以在解读树木图时，我们要信任作画者本人，相信他知道什么对他而言是重要的，也知道自己需要什么。

有时，我们需要区分一点：努力让他人接受我们对其图画的解读，到底是谁的需要？是我们自己的需要，还是对方的需要？

还有一点需要区分的是：根据他人的树木图解读出来的内容是我们本人的投射，还是当事人自己的投射？换个角度表述这个问题就是：我们在他人的图画里看到的是作画者本人，还是我们自己？

荣格提到，在解开随意投射之束缚的路上，人类走了数千年。他写道："原始人……的无意识心理有一种无法抗拒的欲求——把一切外在的感官体验同化为内在的心理事件。"例如，日出日落本来是一种自然界的现象，但原始人不会满足于此，他们必定要创造出与日出日落相对应的心理事件，诸如太阳代表一位神明或英雄的命运，这个神明或英雄像太阳一样永远留存于人们的灵魂中。这本身就是一种投射。自然现象"是心理的内在、无意识的冲突事件的象征表达，心理经由投射变得与人的意识相连——换言之，反映在自然世界之中。投射是如此重要，以至数千年文明的洗礼才把它在一定程度上与外在对象相分离"（《荣格文集第 5 卷》，2012，P7–8）。在荣格看来，原始人有"泛化投射"的现象，把自然界发生的一切和自己的内在心灵联系在一起。随着人类文明的发展，人们渐渐可以区分哪些是自然现象，哪些是内在的感受，这两者之间曾经牵强附会的投射被切断了。这是人类文明发展到一定阶段才能做到的。而在解读他人的树木图时，人们可能仍然有一种泛化投射的倾向，即把自己的想法过多地投射到他人的图画中，把自己的想法强加给当事人。

归根结底，对树木图的解读是两个人之间互动的一种方式，有时过程可能比结果更重要。如果通过对话，两个人加深了对彼此的了解，树木图就已经起到了其应有的作用。

第二模块

# 解读树木图

# 8 树的位置

在第二个模块中，我们将学习如何解读树木图。其实，我们对所有图画的解读都会遵循以下规律：先整体后局部；先动态再静态。树木图的整体包括画面布局、画面大小、笔触、树的类型等，局部包括树的各个部分、附属物等。动态是指作画过程，静态是指最后呈现的作品。在这个模块中我们会分别讲述这些内容。

在本章中，我先介绍画面布局的心理学含义。在第 4 章中，我曾谈过，因为树与人的相似性，所以树可以象征人。树生长在大地上。只要地面上长着一棵树，围绕着这棵树的空间就会被分割成不同的区域。从纵向来看，人们可以从地面看到树的最高端；从横向来看，人们会从树的左边看到右边。我们就以这两个视线的空间范围展开讨论。如果人们把树画在纸上，画纸就相当于人们的心灵空间，所以画纸的空间就具有了心理学含义。

把对树的位置的解读放在第一部分是因为树的位置非常重要。树在画面上的位置相当于一个人在舞台上的位置，它决定了这个角色的重要性以及这个角色与其他角色的关系。但是区别在于，在舞台上，各个角色所处的位置是由导演安排的，而在树木图中，每个人可以自由地决定把树画在哪个位置。此时，画纸在某种意义上代表个体的人生舞台，而树的位置就传递出这样的信息：一个人如何定位自己在人生舞台上的位置。

本章重点介绍两个内容：一是如何从纵向的视角来理解画纸空间的心理学含义；二是如何从横向的视角来理解画纸空间的心理学含义。需要说明的是，出于分步骤学习的需要，这里先不考虑对作画过程的解读、当事人自己的解读，也不考虑画中的其他元素，只从树的位置这一个角度来看。但是在实际运用中，所有这些要素要综合起来分析才有意义。

## 从纵向的视角来理解画纸空间

在心理学意义上，从下至上，画纸可以被分为三部分，每部分所代表的含义不同（见图8-1）。

```
精神领域、想象空间；未来空间
          心
         知性
        想象力
       自我开放
      思想和精神
        认知
─────────────────────────
   情绪领域；现实空间
     被意识到的反应
    被社会接纳的态度
   情绪和感觉的经验
    现实的理解和态度
      否定的态度
      原始的反应
     被隐藏的情感
─────────────────────────
   本能领域；过去空间
        性本能
      个体无意识
      集体无意识
     被压抑的经验
    童年期形成的依恋
   无意识中的过往经历
```

**图 8-1**

改编自《树木人格投射测试（第 3 版）》，吉元洪著，重庆出版社出版。

最下面的部分是本能领域和过去空间，包含性本能、个体无意识、集体无意识、被压抑的经验、童年期形成的依恋以及无意识中的过往经历。

中间部分是情绪领域和现实空间，代表着原始的反应、否定的态度、被隐藏的情感、被意识到的反应，被社会接纳的态度以及情绪与感觉的经验。

最上面的部分是精神领域和想象空间，代表着心、知性、想象力、自我开放、思想和精神、认知乃至我们认识这个世界的基本图式。

这个空间含义在树木图上可以被具体应用。第一步是从整体上看树木图主要画在哪一个领域和空间；第二步是看树木图的各部分分别对应的空间（树根代表着本能领域和过去空间，树干代表着情绪领域和现实空间，树冠代表着精神领域和想象空间）及三者之间的关系。

我们结合具体的图画来理解空间的含义。请仔细看图 8-2，结合上述三个空间的含义，你对这棵树有怎样的印象？它贯穿三个空间，在情绪领域所占面积最大。即便如此，我们也不能简单地说作画者在情绪领域最发达，而是需要观察图画中树根、树干和树冠三者之间的关系。从图画中我们可以看到，这三者都出现了：树干是最发达的部分，树根是最被忽视的部位。因此，可以说这个作画者也关注了本能领域和精神领域，但他最擅长和最发达的是在情绪领域和现实空间。他有比较饱满的情绪，有较强的现实感，但对本能有较强的控制，可能是他不允许自己本能的部分被表达出来。

图 8-2

再看图 8-3。首先我可以看到的明显特点是，这棵树画在了纸偏上的部分，好像这棵树要把自己的根从本能领域中缩回，逃开本能领域，应该在

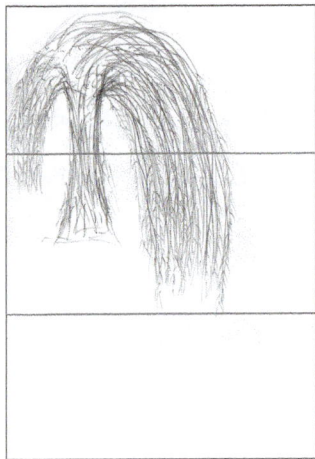

图 8-3

本能领域的能量似乎全部都投注到了精神领域和想象空间。第二步再来看树根、树干和树冠三者的关系：树根没有出现，最发达的部分是树冠，右边长长的枝条垂在地上，仿佛是要没入土中成为根的一部分。所以这幅图画在空间位置和树的各个部分之间的关系上都呈现了强烈的不平衡。这个作画者过度关注自己的精神领域和想象空间，对自己的情感领域有一定的排斥，对本能领域则采取了完全否认和极力控制的态度。但这种否认和控制似乎并不是很成功，所以还是给他的生活带来许多困扰。

## 从横向的视角来理解画纸空间

在横向的空间里面，我们可以把画纸一分为二，分为左边和右边（图 8-4）。左边象征着与母亲 / 母性 / 女性的关系，右边象征着与父亲 / 父性 / 男性的关系。这里说的母亲 / 母性 / 女性、父亲 / 父性 / 男性，至少具有五层含义。第一层是指个体在现实中与母亲和父亲的关系，如一个人与母亲还是与父亲关系更好，受母亲的影响大还是受父亲的影响大，对父母的态度是敬爱还是敌视等。第二层是个体内化的父母形象，即其心理上对父母关系的认知和感受可能与现实层面的一致，也可能完全相反。第三层是个体的母性 / 父性特质，即由母亲和父亲的形象、角色和养育特征而形成的对母亲 / 父亲特征的理解会泛化到类似母亲 / 父亲人物的身上。第四层是个体与其他重要女性 / 男性的关系，这些重要女性和男性可能是个体成长过程中关心自己的姑妈、姨妈、叔叔、舅舅，也可能是对个人成长具有重要意义的老师、同学、朋友、邻居，也可能是上司、恋人、配偶等。在以上四层关系的基础上，人们会形成与这个世界上其他男性和女性的关系。第五层含义是和女性、男性相关的一些特质，如左边代表被动、感性、受支配的女性特质，右边代表主动、理性、控制的男性特质。

| 母亲 / 母性 / 女性 | 父亲 / 父性 / 男性 |
|---|---|
| 现实中与母亲的关系 | 现实中与父亲的关系 |
| 内化的母亲形象 | 内化的父亲形象 |
| 母性特质 | 父性特质 |
| 与其他重要女性的关系 | 与其他重要男性的关系 |
| | |
| **女性特质** | **男性特质** |
| 被动的 | 主动的 |
| 感性的 | 理性的 |
| 受支配的 | 控制的 |

| **时间取向** | | |
|---|---|---|
| 关注过去 | 关注现在 | 关注未来 |
| 恋旧型 | 现实型 | 展望型 |

**图 8-4**

改编自《树木人格投射测试（第 3 版）》，吉元洪著，重庆出版社出版。

除了可以象征关系的部分，左右两边还可以象征心理上的时间观。心理上的时间观可以被描述为是关注过去、关注当下，还是关注未来。左边代表着关注过去，一般用恋旧型来描述，树木图偏左的人对过去的记忆和经历非常看重；右边代表关注未来，可以用展望型来描述，树木图偏右的人对未来持一种积极的态度。而居于中间的区域，则代表作画者关注当下，对现实更为关注。

我们可以通过具体的图画来理解这些理论。我们仍沿用之前的图，从不同的视角进行分析。如果从横向来看图 8-5，我们会看到，图画中的树尽管略微有点偏向左边，但总体而言左右两边是平衡的，即作画者与母亲和

图 8-5

父亲的关系、与女性和男性的关系较为平衡，在被动和主动、感性和理性、受支配和支配他人之间也较为平衡。在时间取向上，作画者是一个关注当下的人，具有非常强的现实感。从总体上看，作画者发展平衡、具有很强的现实性，这与我们从纵向空间上观察得到的信息是一致的。通常，如果从不同分析层面得到的信息一致，那这个分析的可靠性便较高。

再看图 8-6，从横向来看这张图，我们可以非常直观地看到，图画中的树明显偏向左边，因此可以推测出，作画者受母亲的影响更大。这种影响是积极的还是消极的，我们需要从其他指标来看，如树的阴影、树是否有尖锐的枝、树的倾斜度等线索。由于这棵树有非常浓重的阴影，所以来自母亲的、女性的影响对这个当事人是负性的、控制性的，甚至是破坏性的。所以作画者会形成被动、感性、受控制的人格特征。从时间取向上看，作画者是典型的恋旧型的人，在遇到事情时他非常依赖自己过去的经验，在情感上也更多地回忆过去，似乎是靠回忆来滋养自己的情感。作画者似乎也意识到了这种不平衡，他所

图 8-6

做的努力是把右边的枝条拼命伸长，似乎想用这种伸长的枝条来平衡画面偏左的失衡，但这种努力使画面看上去更加失衡。这表明作画者最主要的人生命题是平衡发展。

成长·操作

请你试着运用本章所讲的空间位置分割及各部分空间所代表的心理学意义来分析自己的树木图，从纵向和横向两个方向来解读。你读到的信息与你平时对自己的了解一致吗？有什么新的发现吗？

# 9 画面大小

画面大小具有多层面的心理学含义，包括人格层面、自我评价层面、环境感受层面、攻击性或退缩性层面、情绪层面、生命能量层面、安全感层面、适度性层面、文化层面等。从某种意义上说，画面大小揭示的信息非常多。下面我对这些信息一一详述。

首先要说明一点，本章所称的画面大小，是指作画者画的树的大小。在图画分析中，有时画面大小是指整个图画的构图大小，因此会出现整个图画很满但树很小的情况。为了让大家分步骤学习对树木图的解读，这里重点考虑树的大小，而忽略更复杂的情形，也不考虑对作画过程的解读，以及当事人自己的解读和画中其他的元素。

我们一起来看图 9-1、图 9-2 和图 9-3，对于这三幅画，你会有怎样的整体印象？你可以带着这些印象，来了解画面大小的心理学含义，然后再回到对这三幅画的解读上。

## 人格和自我评价

在人格层面，图画大小可以代表作画者的性格属于内向型还是外向型。内向型的人更愿意独处，而外向型的人则更愿意与他人相处。

就上述三幅图而言，在作画者的性格是内向型还是外向型方面，图 9-1 的作画者可能是内外向混合型人格，略偏外向；图 9-2 的作画者可能是内向型人格；图 9-3 的作画者可能是外向型人格。

图 9-1　　　　　　　　图 9-2　　　　　　　　图 9-3

在自我评价层面，图画大小可以代表作画者的自尊水平及其对自我评价的高低，也可以代表其自信与否及其认为自己是否具有能力。需要说明的是，该"自尊"是指心理学意义上的自尊，与平时大家所说的"自尊心"有所区别，它是一个人对自己的社会角色进行评价的结果，是通过与他人的社会比较形成的。自尊表现为自我尊重和自我爱护，是个体要求他人、集体和社会对自己尊重的期望，也体现为自我价值感。所以，有时在生活中被人们称之为自尊心强的人，在心理学意义上反而是自尊比较低的人，因为他们过度依赖他人的评价和认可，所以内心非常脆弱和敏感。健康的自尊建立在恰当的自我评价的基础之上。

图 9-1 的作画者对自我的评价比较适中，自尊水平较高，既不自卑，也不自傲，认为自己是具有能力或胜任力的人。图 9-2 的作画者对自我的评价比较低，自尊水平较低，缺乏自信，认为自己是一个能力不足或胜任力不够的人。图 9-3 的作画者对自我的评价非常高，自尊水平也非常高，自信心十足，认为自己是一个很有能力或具有很强胜任力的人，但有时自我评价

过高可能与实际情况存在一定的差异。

## 与环境和他人的互动

在环境感受层面，图画大小可以代表作画者对环境感受的好坏及其认为自己与所生活和工作的环境是否匹配，认为自己在当下的环境中是否适合。

在攻击性或退缩性层面，图画大小代表一个人是具有进取心的，或者是攻击性的，还是退缩性的。在英语中，攻击性和进取心是同一个词"aggressive"：如果是建设性的力量，就会表现为进取心；如果是破坏性的力量，就表现为攻击性。无论是攻击性还是进取心，能量都是向外的；而如果能量指向自己，则表现为退缩性。

图 9-1、图 9-2 和图 9-3 中作画者与环境和他人互动的特点如下。图 9-1 的作画者对环境感受较好，感觉自己和环境比较匹配；在与他人的交往中，作画者表现出积极的姿态。图 9-2 的作画者对环境感受不太好，感觉自己和环境比较不匹配；在与他人的交往中，作画者表现出消极和退缩的姿态，想在人群中隐藏自己。图 9-3 的作画者有可能感觉到环境限制了自己的发展，环境成为一种束缚和阻碍，可能作画者认为自己应该在更大的格局或更好的环境中发展，如希望得到晋升或者换到新部门、新单位；在与他人的交往中，作画者表现出积极的姿态，但有时会让他人觉得过于强势，过于主导。

## 情绪和能量

在情绪层面，图画大小代表作画者的情绪是平和、低落的，还是躁动的，代表其情绪是否具有稳定性。

在生命能量层面，图画大小代表一个人的生命能量是充沛的，还是不足的，甚至是脆弱的。

从这两个层面考虑，图 9-1 的作画者在情绪层面是平和、积极的，在生命能量层面是充沛的。图 9-2 的作画者在情绪层面是低落的，在生命能量层面是不足的。图 9-3 的作画者在情绪层面处于情绪高涨或亢奋状态，这与其生命能量非常充沛有关系。

## 其他方面

在安全感层面，图画大小代表作画者内在安全感的强弱。

在适度性层面，图画大小代表作画者内在的分寸感、条理性和计划性等。

从这两个层面考虑，图 9-1 的作画者具有适度的安全感；在与人交往和做事中，也表现出较好的分寸感和条理性。图 9-2 的作画者具有强烈的不安全感；在与人交往和做事中，可能会过度看轻自己，在与他人交往中表现得唯唯诺诺，过于软弱或怯懦。图 9-3 的作画者具有较强的安全感，在与他人交往和做事情中有自己的分寸感，但其分寸感会让他人觉得其有些咄咄逼人。

## 提醒

需要提醒的是：以上提到的只是我认为重要的、一般性的解读，而非画面大小所代表的全部含义。

在看到画面的大小具有这么多的心理学含义时，读者可能会问："那我的图画适用于哪一种解释呢？"这里列出了多种可能的解释，具体哪一种解释更适合自己的图画，还要结合其他元素进行综合分析，这些元素我在后面的章节中会讲到。在这里，你可以先根据这些心理学含义对图画形成一个初步的印象。可能在你所画的图画中，你无法解读出上文列出的所有特征，而只能明晰其中一部分特征。这也是十分正常的，因为每一幅图画反映出来的特征有可能是不同的。

对于什么叫画面大小适中，并没有绝对量化的指标。我自己会更多根据经验来判断，但是为了方便读者学习，我在这里给出大致的参考值：在一幅画中，如果树占画面的五分之四，或者占了十分之九，就应该算画面过大。如果树在画面上只占十分之一，或者只占五分之一左右的位置，那就有点过小了。

最后，有必要谈一下在中国文化中图画留白的特定含义。

## 中国文化中留白的心理含义

中国文化对留白有独到的看法。从象征意义上，留白可能有多种含义：代表一种谦虚的态度；代表一种大格局；代表与环境和自然的和谐相处。

从美学上看，留白是一种构图法，是以一种无实际物相的方式表达画面中的意境，即以无相表达意象。有人称之为："言有尽而意无穷。"在中国画中，留白并不是真的空洞无物，它是一种艺术境界。中国画的空间是通过作画者和看画者的联想和想象延展出去的，留白是创造意境的重要方法，也是构成画面形式不可或缺的因素。郭熙在《林泉高致集》中说："凡经下笔，必合天地。何谓天地？谓如一尺半幅之上，上留天之位，下留地之位，中间方立意定景。"因此，在中国文化中，留白是一种有意识的创造。

把留白放到中国文化背景下讲，是因为在这一点上存在文化差异。以沉默为例，在很多文化中，沉默代表空白，代表不好的状态，代表负面的含义，如果出现沉默，就需要尽快打破；然而，在中国文化中，沉默并不代表空白，而是有其自身的意义，是可以被接受的。"此时无声胜有声""沉默是金"这样的词句就是表达对沉默的一种欣赏态度。留白在中国文化中也非常独特，留白本身也是有意构思的，是可以被接受、被欣赏的，所以在解读图画的时候，我们不能完全照搬有些国外学者的研究结论，认为树画得小，留白太多就一定代表作画者自卑、内向等，还需要看整个画面是否和谐，是否具有生命力。对画面大小的理解需要有更多的文化反省。有些作画者运用了画中国画的方式来画树木图，树就有可能被画得很小，但画面中包含了山川、大地、天空，具有空间上的辽阔和深远，此时树形较小是作画者心胸豁达、天人合一、人与自然和谐相处观念的体现，我们不能贸然将其解释为作画者自卑或自我评价低。

这一点很重要：在把其他文化中的心理学研究结论应用在解读中国人画的树木图时，需要持谨慎的态度。

# 10 笔触线条：用笔轻重与线条曲直透露的信息

在本章中，我会从笔触、线条和阴影的心理含义来解读树木图。

## 笔触

在绘画中，笔触是指作画过程中画笔接触画面时所留下的痕迹。由于本书不是从美学角度，而是从心理学角度解读图画，所以笔触部分只考察用笔力度。用笔力度是指作画者在作画时用力的程度。用笔力度是非常个性化的一个指标，如果绘画时间或绘画主题不同，人们所画的内容可能会有所变化，但其用笔力度则是一个比较恒定的特征。

有力的笔触代表思维敏捷、自信、果断。铅笔落在纸张上的力度也反映了作画者的能量水平。比较大的力度代表能量水平比较高。图 10-1 的笔触就比较清晰有力，这代表作画者的自信水平较高，反映了作画者在做事情时不

图 10-1

会拖泥带水。

特别用力的笔触可能代表作画者自信、有能量、有主见（Alschuler & Hattwick, 1947；Machover, 1980）；可能代表作画者高度紧张（Buck, 1948；Hammer, 1969；Jolles, 1964；Machover, 1980）；可能代表作画者的能量水平非常高，可能具有攻击性或者脾气暴躁；可能代表作画者有器质性病变，如脑炎、癫痫等（Buck, 1948；Hammer, 1971；Jolles, 1964；Machover, 1980）。图 10-2 的笔触就可归属于特别有力

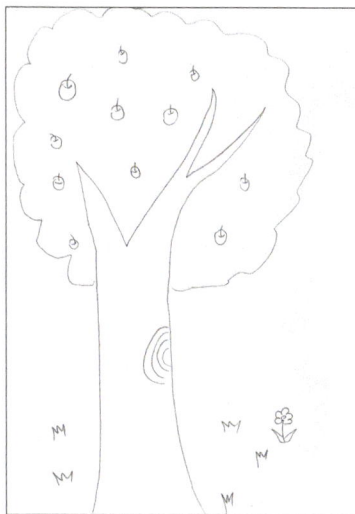

图 10-2

的一类，如果看一下图画的反面，你会看到其笔触力透纸背，这代表了作画者的自信水平较高，也显示其能量水平比较高，做事干脆利落，但有时也显得用力过度，缺乏灵活性。

与此相反，力度轻微可能代表作画者犹豫不决、畏缩、害怕、没有安全感（Jolles, 1964；Machover, 1980）；可能代表作画者不能适应环境（Buck, 1948；Hammer, 1971；Jolles, 1964）；可能代表作画者能量水平低（Alschuler & Hattwick, 1947）。那些情绪低落的人画出的线条常常轻而模糊，这可能代表他们没有主见。图 10-3[①] 的笔触属于特别轻的一类。对比一下

图 10-3

---

① 摘自严文华所著《心理画外音（修订版）》一书的相关章节，该书由上海世纪出版股份有限公司发行中心（上海锦绣文章）出版。

图画右上角写的编号，我们就可以看出作画者的笔触是多么轻了。这幅图画之所以底色那么深，不是由于年代久远纸张发黄，而是由于作画者的笔触实在太轻了，扫描时需要不断加深颜色才能把图画扫描出来。这种轻微到看不清的笔触，代表作画者能量水平比较低，安全感不足，适应环境的能力较差。

除了笔触的轻重，还要谈一下笔触的变化性：在一幅画中，如果笔触具有变化性，代表作画者具有灵活性和适应性；而如果一幅画中所画线条的力度完全一致，代表作画者的灵活性低，也代表其较僵硬、刻板。上文提到的三幅画的笔触变化从总体上来说都不大，三位作画者都存在灵活性低的可能。图 10-1 不仅笔触没有变化，图画内容也具有刻板性，并且从其他多层含义上也体现了作画者较真得略显刻板的个性。

## 线条的心理学含义

线条是图画的基本元素。人们所画的图画内容可能根据主题及时间的不同而有所不同，但线条则具有相对的稳定性，所以我们可以从线条中观察到的是一个人比较基本、重要而稳定的特征。不同的线条传递着不同的心理学含义。

### 线条的长短

长线条表示作画者能较好地控制自己的行为，但有时也会压抑自己（Alschuler & Hattwick，1947；Hammer，1971）。图 10-4 以长线条为主。前面提到的三幅画，都是以

图 10-4

长线条为主，表明这些作画者的自我控制能力都比较好。

短线条，如短而断续的线条，表示冲动性（Alschuler & Hattwick，1947；Hammer，1971）。图 10-5 以短线条为主，代表这位作画者具有一定的冲动性。

### 线条的方向

图画以横向直线为主代表作画者无力、害怕、自我防卫或女性化倾向（Alschuler & Hattwick，1947）。图 10-4 以横向直线为多，代表了作画者的无力感和自我防卫倾向。

图画以竖向直线为主代表作画者自信、果　断（Alschuler & Hattwick，1947）。图 10-5 不是非常典型的竖向直线，而是以斜线为主。

画直线条的人通常更有主见。直线也有可能与攻击性有关。

图画以曲线为主可能代表作画者不喜欢常规（Buck，1948；Jolles，1964）；画曲线条者可能具有更强的依赖性、更情绪化。圆形的线条与女性特质有关。我们可以看到图 10-6 就是以曲线为主，图 10-1、图 10-2 和图 10-3 三幅图画也都是以曲线条为主的，这可能与其女性特质有关。

### 其他线条特征

图画中的线条过于僵硬代表作画者具有固执或攻击性的倾向（Buck，

**图 10-5**

**图 10-6**

1948；Jolles，1964）。图 10-5 的线条就比较僵硬。

图画中不断改变的笔触方向代表作画者缺乏安全感（Wolff，1946）；断续、弯曲的线条表示作画者犹豫不决，也提示其具有依赖性和情绪化倾向（Alschuler & Hattwick，1947；Hammer，1971），还有可能代表作画者的柔弱与顺从（Alschuler & Hattwick，1947；Machover，1980）。

断续的、犹豫不决的线条，或者虽连续但被反复描绘过的线条，通常暗示作画者没有安全感或者焦虑感较高（Buck，1966）。紧缩的或细而拖长的线条则表现出一种紧张感，表示作画者的情绪状态非常紧张。过度被强调的、被反复涂画的线条则反映了作画者焦虑、胆小、缺乏自信，在行为上以及在新情境中犹豫不决。图 10-4 的线条就是连续且被反复描画的，透露出作画者的焦虑、紧张和没有安全感。

## 阴影

巴克（Buck，1966）曾指出，图画中的阴影可能代表心理健康，但也有可能代表心理不健康。如果人们用阴影表示光线在树木上的作用，且其呈现方式和自然界中光与影的现实一致，如光线与太阳照过来的方向是一致的，则该阴影代表作画者心理健康。如果太阳光来自右侧，树的左侧就可能会有阴影，这个阴影就可能表示抵抗来自女性区域的影响，而右侧因为有太阳，太阳意味着力量和潜在的心理的能量，因此，对右侧区域就有包容性。我在前面曾谈过，右侧区域代表父亲／父性／男性，代表未来。对右侧区域的包容就代表着对父亲／父性／男性乃至未来的接纳，如图 10-7 所示。

如果阴影过黑，或者被反复强调，或者阴影出现在不该出现的地方，此时阴影可能是一种病态性的指征。例如，图 10-5 和图 10-8 的阴影在整个图画中的呈现并不符合光与影的规律。

图 10-7

图 10-8

　　阴影具有三层基本含义：第一层是防御机能，代表作画者对自己不满意的事实或者不能抵抗的外界反应；第二层是作画者用来隐藏自己的羞耻感或者掩盖记忆中痛苦的事件；第三层是作画者潜在的、想隐藏起来的攻击性。图画中的阴影具体属于哪一层含义需要结合其他元素一起来看。

# 11 树的种类：不同品种的树具有不同的含义

正如第4章所介绍的，树的品种有很多，每个人都可以找到代表自己独特性的树。来自不同地区的人可能会画不同的树。例如，北方人可能会画杨树、红柳、榆树，南方人可能会画椰子树、榕树、合欢树，上海人则可能会画梧桐树，西南地区的人则可能画黄桷树。去非洲旅游过的人也可能会画面包树。所以，树的品种反映了作画者特定的生活经历及其文化背景。在本章中，我可能无法呈现所有品种的树所具有的心理学含义。在自然界，树木可以分为落叶和不落叶两大类，为了方便大家理解，本书也基本参照这两大类来陈述：一大类是比较写实的树，即我们在自然界中能够见到的各种树木，包括落叶和不落叶两种；第二大类是抽象的或想象的树。

## 写实的落叶树

我挑选了几种最常见的树进行介绍并且呈现了一些相关的图画，但与之前的说明一样，在这里，我们只从树的种类来解读其含义，而不考虑画中的其他要素。

### 苹果树

苹果树是最常被画的果树。这和苹果树的分布广泛有关，也和文化有关。很难有另外一种果树像苹果树一样，在触觉、味觉、嗅觉、视觉上都给人们一种熟悉感、亲切感和认同感，且兼具观赏性和食用性。在中外文化中，从古希腊、古罗马神话到《圣经》，苹果意象都具有丰富的含义；一方面，苹果是爱情、美好、智慧、平安、健康等的象征；另一方面又是罪恶、祸根等的代表。

画苹果树具有多层含义。首先，它代表作画者的一种自我肯定，因为苹果树是会结果实的树，而在结果之前，树一定会先开花。能够开花和结果的树代表作画者的自我评价较高，代表其与环境的互动较为良好。其次，树上的果实通常代表作画者拥有特定的目标或愿望，这些目标可能已经达成，愿望可能已经实现，或者通过作画者自己的努力它们可以达成或实现。果实掉落还有其他的含义，我会在下面的章节中陈述。另外，画苹果树还代表着丰饶性、丰富性和收获感。此外，苹果树还象征作画者与环境的友好相处。有人用苹果树象征作画者自己是容易交往的人，代表其在人际关系方面的友善性。图 9-1 的苹果树就符合以上所述的几种象征含义。

### 柳树

在中国人画的树中，柳树是一种很常见的树。柳树至少有四层象征含义。第一，柳树的枝条下垂在心理学上的象征含义是能量向下流动，流向过去，这代表能量集中在过去，表明作画者属于恋旧型的人。特别是画了柳树又画水，且水的流向为向左时，表明作画者是典型的恋旧型的人。另外，能量向下流动给人的感觉是情绪低落、悲伤或压抑。第二，柳树的枝条给人以婀娜多姿的感觉，因此柳树也代表作画者的女性气质和细腻的情感。当那些柳枝随风飘动的时候，作画者的情感似乎也很容易被他人触动。第三，柳树有细小的叶子，如果作画者画出非常多细小的叶子，通常代表其追求完美、关注细节，或者也有可能代表其过于刻板。第四，柳树在中国文化中与离别、思念是联系在一起的。《诗经》里说："昔我往矣，杨柳依依，今我来思，雨雪霏霏。"李白则在诗中写道："此夜曲中闻折柳，何人不起故园情。"画柳树的人有可能对分离非常敏感。图 11-1 呈现的柳树，更适合积极意义上的解读。

图 11-1

## 杨树

杨树和柳树的特点恰恰相反。柳树的枝叶是下垂的，而杨树的枝条则向上伸展。如同始终向上伸展的树枝一样，画杨树的作画者通常都勤勉努力，积极向上，有不断追求的决心和行动，想拥抱更高的天空。他们有着强烈的情感，但这种情感隐藏在冷静的理性背后。图 11-2 的作画者就具有这些特点。

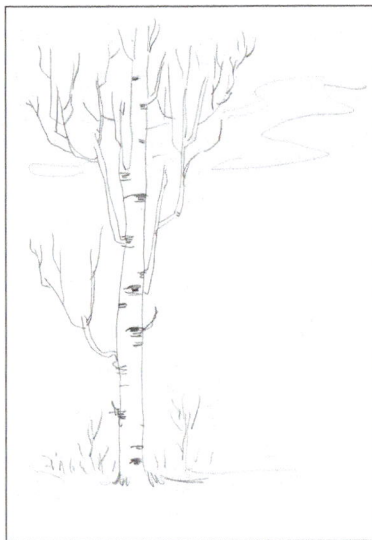

图 11-2

## 椰子树

在南方，画椰子树的人会多一些。画这种树的人通常对情绪领域和精神领域比较关注，追求刺激和新奇性。但是，在面对新情况、新环境或陌生人的时候，也会呈现防卫性的姿态。他们很少被纯粹理性的东西所影响，但很容易接受带有情感色彩的想法。他们会积极地寻求精神上的满足感。图 11-3 的作画者就具有这些特点。

### 冬天的落叶树

在落叶树中，有人会画出冬天叶子全部掉落的树。画出枯树的作画者通常拥有一定的自信和勇气，或者是其能量枯竭到漠然，已不介意他人看到自己真实的样子。树叶掉光的树赤裸裸地以真实的模样站立在大自然中。画枯树意味着作画者敢于把真实的自己呈现给他人。

图 11-3

对于落叶树来说，冬季是其休眠的季节。

如果作画者画出的树种在自然界中也是处于落叶和休眠状态，那就表明作画者也在积蓄能量、调整状态。这些树虽然看上去是枯树，但其内在充满能量，仍然是健康的树。但有些枯树呈现枯萎的状态，作画者会觉得自己的生命也处于枯萎状态，自己的发展受到了阻碍，完全没有希望，或者感受不到未来。或者即使有未来，也需要面对险恶的环境，是没有希望的未来。冬季的枯树代表的究竟是积极的含义还是消极的含义，要看图画的其他信息。请看图 11-4 和图 11-5，哪一幅图画更有积极的含义呢？图 11-4 是一棵生长在沙漠之中、处于冬季的枯树，其生长环境非常恶劣，只能接受枯萎的命运。图 11-5 的树处于积蓄能量的储备期，如作画者所说："在春天来临的时候，这棵生命之树会发芽、会开满花朵。"

图 11-4

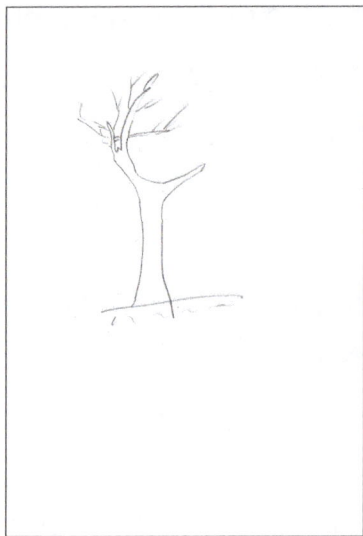

图 11-5

## 写实的常青树

### 松树

在常青树中，最具代表性的是松科植物，如松树、柏树、杉树等。所有这些松科植物都具有一个特点：树枝最后集中到顶端。整棵树的构造像一个三角形，这代表进取心、雄心壮志以及追求自我价值；如果过度，也会体现为野心，或者好高骛远的幻想。画松树的人通常也比较具有攻击性，这种攻击性可能体现为进取心，也可能体现为与他人的竞争、对环境怀有敌意等。

前面描述的杨树，其树枝也是集中到顶端，但是画杨树者在追求目标时更轻松、更游刃有余。画松树者会更拼命，需要付出更多努力。画松树的人脚踏实地，相信依靠自己的努力能够获得成功。这可能和他们感受到来自环境的压力更大有关，他们更有可能感受到环境的艰险以及来自环境的恶意或敌意。松树经常长在悬崖边及土壤较少的山上，还有可能会经历风霜雨雪，其生长过程充满了艰难险阻。

面对来自现实的压力，画松树者通常带有强烈的达成目标的动机，其性格之中有倔强、顽强的一面。这样的人有时表现出坚韧性，面对困难，毫不松懈；有时则表现为固执、偏执，有不撞南墙不回头的顽固性。

图 10-5 和图 10-7 就是两棵松树。图 10-7 的作画者具有更积极的态度，因为图画中呈现出的树与环境的关系更和谐。

### 圣诞树

圣诞树其实是松树的一种，但是画圣诞树的人通常不会把圣诞树画在野外，而是放在庭院之中或家中，圣诞树更与节日有直接的关系（见图 11-6 ）。除了前面提及的松树的特点部分适用于圣诞树外，画圣诞树者更强调节日的喜庆，他们需要获得礼物，需要与他人交往。但是，圣诞树不强调作画者性格中的坚韧和踏实性，因为很多圣诞树是被砍伐后装饰在那里，树与大地的连接并没有那么牢固。

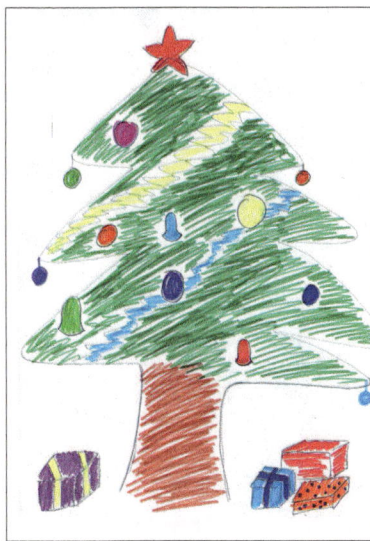

图 11-6

## 抽象树的多重心理学含义

在画树木图的时候，有些人会画抽象的树，抽象的树虽然可能在现实中对应着某种类型的树，但是抽象树非常粗略，像简笔画一样，不写实。

抽象画可能有多种心理学含义。例如，作画者是一个思维非常抽象的人，倾向于用抽象的方式看待这个世界，所以他画出的树也会是简化而抽象的。也可能作画者属于智力水平非常高的人，他看待事物的时候只看到最本质、最单纯的部分，而看不到复杂的部分和细节。还有可能作画者具有阻抗和抵触情绪，不愿意作画，或者担心画出来的图画会过多地暴露自己的内在，所以他会用尽可能少的线条作画，这样就可以更少地暴露自己。例如，图 10-6 和图 11-5、图 11-7 都是松树，但图 11-7 中的树就更简约、更抽象，能够被解读的信息也更少。

图 11-7

有些人在平时会画写实的树，但是在遇到压力的时候，会画抽象的树。这种转变本身就代表作画者感受到了压力。

还有一些人会画想象中的树，这些树生长在作画者的想象世界之中，于现实世界中却并不存在。它们通常会体现作画者的创造力、想象力，有时也反映出作画者的幻想。这样的树通常要结合具体内容进行分析。图 11-8 和图 11-9 就是想象中的树，但图 11-8 充满了怒放的感觉，而图 11-9

图 11-8

则构建出一个以沟通为主题的树<sup>①</sup>：树的左边有一根树枝变成了铁轨，火车可以通过；铁轨的下面有一座高高的支撑架；树的底部有分叉，有一个拱形的洞。借助这棵抽象树，作画者表达了与外界沟通的强烈意愿。

图 11-9

---

① 摘自严文华所著《心理画外音（修订版）》一书的相关章节，该书由上海世纪出版股份有限公司发行中心（上海锦绣文章）出版。

# 12 树根和树干诉说的人生故事

前面的四章介绍了如何从总体上理解图画，包括如何解读树的位置、画面大小、笔触线条和树的种类。在接下来的五章中，我将介绍如何从局部解读树木图，包括树根、树干、树冠、树枝、树叶、附属物及环境等。我们学习的顺序为自下而上，从树根到树叶，与解读图画空间的顺序一致。在本章中，我们先了解树根和树干两部分。

## 对树根的解读

树根是树深埋在土壤中的部分，通常在地面上难以被看到，但它是树木最初成长的部位，承载着吸收养料的重要功能。儿童的图画经常呈现"透视"功能，所以在儿童的图画中出现树根是正常的。而在成人的图画中，如果出现被过于仔细描画的树根，或者被突出强调的树根，则具有特定的心理含义。

在第 8 章关于树的位置的介绍中，我提到过画纸可以分为下、中、上三个部分，它们分别代表不同的领域和空间，自下而上分别是：本能领域和过去空间，情绪领域和现在空间，精神领域和未来空间。此外，我们还提到过树根、树干和树冠这三者也分别具有这三层含义。树根对应的是本能领域和过去空间，象征着人们尚未分化的、原始的、无意识的部分，象征着我们本能的冲动、欲望、愿望。树根本来深埋于地下，无法被看见，但在有些图画中，树根则被暴露在外，或者被反复描画。这样的画法既可以被解读为健康、有力量的，也可以被解读为病态、混乱的，解读的方向要结合树木图的整体来看。

树根暴露在外或被强调，通常具有以下含义：作画者关注本能的、无意识的领域；本能领域对作画者而言具有非常重要的意义；作画者的潜意识冲动和欲望较为强烈；作画者存在内在纠葛；看重家族、文化、传承和传统等，想扎根于这些传统之中；想通过努力抓住或攫取某些东西，以达到自己的目标；这种画法在心理时间上则代表过去，所以象征作画者对过去的不停挖掘和回忆。

图 12-1 的树根代表了怎样的含义呢？作画者说，这是一颗刚被移植的树，生长在夏季，有一些枯萎的叶子掉落在地上。从总体上看，作画者是关注本能和无意识领域的人。"被移植"代表了作画者的生活环境发生了巨大的变化，面对新环境，她过度依赖于自己的本能反应，有很多原始的欲望和冲动被激发出来，源源不断的原始本能冲击着她的情绪和认知，她内在的纠葛和冲突叠加在对新环境的不适应上，所以会让她感受到双重压力。她的生命能量似乎不足以支撑她适应新的环境。

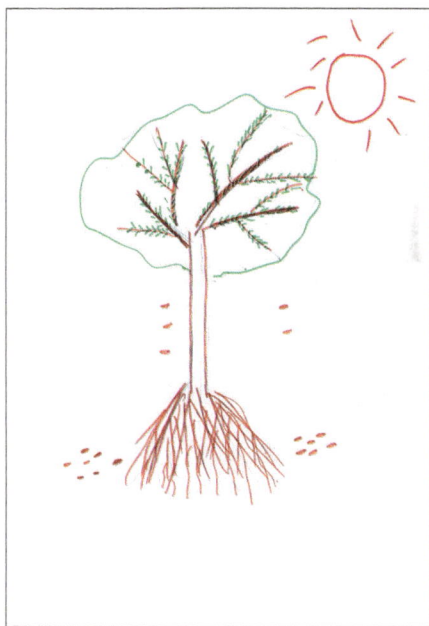

图 12-1

在了解了树根整体的象征含义后，我们再来看树根的几种具体画法。

1. 树根向左面膨胀。代表作画者具有某种情感压抑；也表明其与母性

人物的特殊联系（图
12-2）。

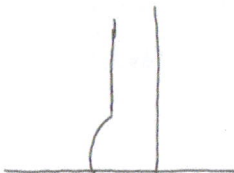

图 12-2

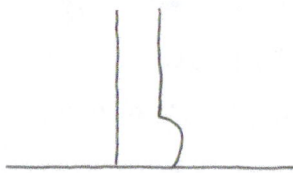

图 12-3

2. 树根向右面膨
胀。代表作画者在人
际关系中较难信任他
人；也代表其与父性人物的特殊联系（图 12-3）。

3. 树根左右膨胀。对儿童来说，画出这种
树根可能代表其在学习、理解能力方面遇到困
难；对成人来说，可能代表其存在智力迟钝的
问题以及对自己的禁止、压抑（图 12-4）。

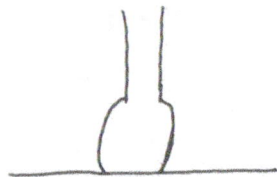

图 12-4

4. 枯死的树根。代表作画者对早期生命和
成长阶段的感受是沮丧的（Jolles，1964），其
在情感上具有干涸的感觉（图 12-5）。

## 对树干的解读

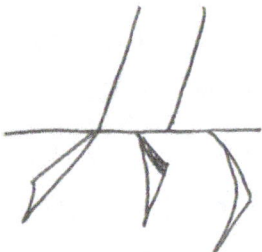

图 12-5

如前所述，本能领域和过去空间，情绪领域和现在空间，精神领域和
未来空间分别对应着树根、树干和树冠这三者，其中树干对应着情绪领域
和现在空间。也就是说，从本质上看，树干与情绪功能有着明确的内在相
关性。树干代表着有意识的情感反应、情绪和成长经历。

树干是树木生命能量流通的主要渠道，能量从树根通过树干源源不断地
输送到树枝和树叶上，所以树干象征着生命能量是否通畅。树干反映了成长
和发展方面的能量及生命力。树干的粗细代表生命力的旺盛程度：过细的树
干往往代表作画者在成长过程中缺乏支持和支撑，而粗壮的树干则代表旺盛
的生命力。树干越往上越细、最后收于一点，可能代表生命力的衰减。

树干还是重要的支撑力量，支撑着一棵树稳定地立于大地之上，所以树干象征着自我的力量、生命的支撑感和稳定感。那些倾斜的树干往往代表着作画者在成长过程中受到了影响，如果树干被风刮歪，通常代表作画者感受了到外力的压迫。

树的成长经历反映在树干上，如果遭受过灾难、挫折和打击，则会在树干上留下痕迹。在很多情况下，树干上的疤痕是作画者成长过程中受到创伤的标志，从疤痕所处的位置可以对其创伤年龄进行大致判断。当然，如果是按幼儿园老师教的方法画，疤痕对应创伤的解释就不再适用。

树干从下到上，也可以划分为三部分，每部分都具有不同的含义。

靠近地面的部分代表早年的经历。从树根到树干的过渡区域，可以看作是黑暗、原始、神秘的情结所在的位置。通常，最原始的、对重要人物的认同、退行等都在这个区域。作画者在早年的养育中感受到的不适、创伤、冲击，包括前语言期的感受，也会在这个区域呈现。

中间部分记录的有可能是不被社会所接纳的情绪和感受，常和负面情绪有关，如愤怒、嫉妒、报复等。

最上面的部分是与树冠相连接的部分，记录的是被社会容纳的情绪和感受，如高兴、喜欢、希望等。

不是每个人的图画中都会出现这三个部分，也不是所有的树木图都能真正区分出这三个部分，但这三个部分的划分方法，能够帮助人们做出判断，如果树干上出现了被强调的印记，那么印记所存在的大致年龄阶段是哪个阶段，或者印记所代表的主要情绪是什么，这些都可以通过印记判断出来。树干上的印记代表的可能是事件本身，也可能是情绪感受。只有通过与作画者沟通，我们才能对此加以了解。

请看图 12-1 的树干，它代表了怎样的含义呢？我们可以明显地看到，图 12-1 的树干是平行的，这代表能量本身是通畅的。但是相对于树冠而言，树干似乎太细了，这反映出两个特点：一是作画者感受到生命能量不足；二是作画者感受到的支撑力量不够。图9-1的树干是平行加漏斗的形状，这可能意味着作画者对于无意识的情绪不加区分地全盘接受，让情绪和感性过多地影响自己。

在了解了树干整体的象征含义后，我们来看树干的一些具体画法。

1.断续型。表示作画者具有冲动性，易受感情刺激影响，容易有报复心理（图12-6）。

2.曲直型。表示作画者有心理创伤体验，有某种压抑感，其防御机制较强（图12-7）。

3.直曲型。对儿童而言，这可能代表其具有适应困难，易与环境产生矛盾；对成人而言，这可能代表其具有创造性，但遇到挫折易逃避（图12-8）。

图 12-6　　　图 12-7

4.弯曲型。代表作画者的情绪以快乐为主，也代表其任性及以自我为中心（图12-9）。

图 12-8　　　图 12-9

5.在顶部扩展。代表作画者随着年龄的增长，活力增加，兴趣增多（图12-10）。

6.粗大的树干。代表作画者充满活力，充满生命力（图12-11）。

图 12-10　　　　图 12-11

7. 纤细的树干。代表作画者在成长中缺乏支持的力量，渴望关爱和支持，也代表其能量不足（图 12-12）。

8. 顶部收于一点。代表作画者以目标为导向，实现目标是其生活的全部意义；但实现后却发现，该目标并非自己希望追寻的，于是会处于情绪低落的状态（图 12-13）。

9. 在底部生长。代表作画者具有退缩倾向，情绪低落，对生活充满了失望（图 12-14）。

10. 在顶部有少量的生长。代表作画者关注未来，对未来抱有希望，不关注过去（图 12-15）。

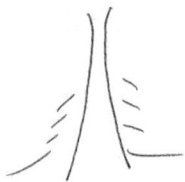

图 12-12          图 12-13          图 12-14          图 12-15

11. 有伤疤的树干。代表作画者在成长中曾遭遇创伤（Buck，1948；Jolles，1964），能量在有伤疤的地方回旋，需要其花费许多精力去解决问题（图 12-16）。

12. 没有树干。代表作画者情绪低落，缺乏生存意愿，甚至有自杀的念头（图 12-17）。

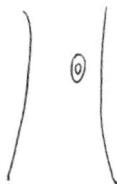

图 12-16          图 12-17

13. 被风吹得歪斜的树。代表作画者感受到来自外界的强大压力（图12-18）。

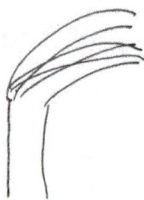

14. 上下大、中间小的花瓶型。代表作画者擅长具体思维，讲求实际，苦干、勤奋、努力（图12-19）。

图 12-18　　　　　图 12-19

**成长·操作**

以上是对树根和树干的解读。你会如何解读自己画的树根和树干？虽然本书列出了许多具体的树根和树干类型，但你画的树根和树干类型可能并不在其中。没有关系，你本人的解读是最重要的。请把你的解读写在图画的背面。

## 13 树枝、树冠、树叶体现与环境的关系

在本章中，我们会介绍树枝、树冠、树叶的心理学含义。

### 树枝和树冠

在树的各个组成部分中，由于树根深埋于地下，而树干又比较简单，所以树枝和树冠成为树最具个性化的部分。作画者通常会用许多笔墨描画树枝和树冠。有时树枝会被省略，而树冠却极少被省略。

树枝和树冠最重要的象征含义是：表现作画者人际关系方面的状况及其与周围环境的整体关系。树枝象征能量流动，是将能量传送到树冠各个部分的通路；也代表作画者与环境及他人"能量交换"的性质和程度。这里的能量交换可以指信息交流和人际互动。有些树枝的画法能够表现出作画者在与他人的关系中是积极面对还是消极逃避，是友好、和睦的，还是敌意、攻击性的。那些像刺一样尖利的树枝常代表作画者的敌意和攻击性。

树枝和树冠匀称、优美，比例恰当，代表作画者发展比较平衡。树枝和树冠的变化程度、大小、形状可以传递出作画者的成长信息及其成长环境变化的信息。树冠的变化大、变化多体现得往往是作画者成长过程中变化较大。树冠伸展舒畅常代表作画者发展顺利。在树枝和树冠部分运笔简

洁流畅，代表作画者思维流畅、智力水平高或者做事风格干脆利落。反复描画树冠和树枝的细节，表明作画者有一定的强迫倾向或追求完美。

在树冠的形状中，圆形、球形、椭圆形是最常见的形状。下面我们来看一下树冠的具体形状可能代表的心理学含义。

1. 树冠巨大型。代表作画者有强烈的成就动机；有雄心壮志；有自豪感，有时自我赞美（图13-1）。

2. 小树冠型。这种树冠在学前儿童的画中常见。学龄儿童如画此形状的树冠，可能指示其具有发展障碍；如果此类树冠出现在成人的画中，则是其幼稚性、退行的象征（图13-2）。

3. 倒心型。代表作画者可能缺乏创造性，没有攻击性，有犹豫不决的倾向，缺乏毅力（图13-3）。

4. 单独生长的枝叶。代表作画者在成长过程中可能遭受过应激事件；其部分发展受到限制；也代表其具有冲动倾向；但如果是新生的树枝，则代表新的希望或新的发展方向（图13-4）。

   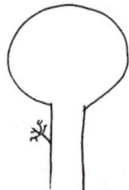

图 13-1　　　　　图 13-2　　　　　图 13-3　　　　　图 13-4

5. 圆圈状的树冠。代表作画者在成长过程中一直把能量消耗在某个方面，缺乏方向性（图13-5）。

6. 杨柳状下垂的树枝。代表作画者具有细腻的情绪感受；也代表其关注过去，能量都流向过去，比较怀旧、恋旧；或者其发展停滞在某一发展阶段；也可能代表作

图 13-5

画者对过去发生的一些事情有内疚心理（图 13-6）。

7. 横向生长的树枝。代表作画者愿意滋养、保护他人；愿意主动与人交往（图 13-7）。

8. 向上生长的树枝。代表作画者积极向上地成长，正在寻找向上发展的机会（图 13-8）。

图 13-6

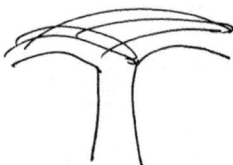
图 13-7

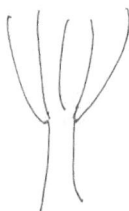
图 13-8

9. 明确如路径的树。代表作画者有明确的计划性；做事有毅力，有始有终（图 13-9）。

10. 断续的枝条。代表作画者有很多想法，但缺乏行动力，难于付诸实施；也代表其爱梦想、爱幻想，常有不切实际的想法（图 13-10）。

11. 树枝折断。代表作画者在成长过程中遭受过创伤（Hammer，1969；Jolles，1964），付出努力最后却失败，也代表其具有伤心感、沮丧感（图 13-11）。

图 13-9

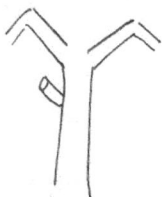
图 13-10

图 13-11

12. T 型树冠。代表作画者有较强的进取心或攻击性，具有顽强的生命力以及克服困难的坚韧性（见图 13-12）。

13. 比树干还粗的树枝。代表作画者具有匮乏感，过分追求从环境中得到的满足感（图 13-13）。

14. 粗树干上的小树枝。代表作画者无法从环境中得到满足（图 13-14）。

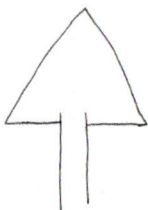

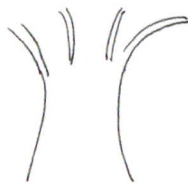

图 13-12          图 13-13          图 13-14

15. 被细致描画的枝叶。表明作画者具有强迫性倾向，一旦开始做一件事就无法停止，即使自己已经厌烦；过分关注细节；追求完美（图 13-15）。

现在让我们看一个具体的例子（图 9-3）。首先，我们可以看到，这棵树的树冠属于巨大型，这代表了作画者具有强烈的成就动机，有雄心或野心，也有自豪感，对自我的评价较高。

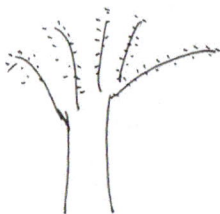

图 13-15

如果仔细观察树冠，我们会发现，树冠似乎要突破纸的边缘，特别是纸的右侧，它实际上已经突破边缘了，树冠顶部也像被压扁了一样，这表明作画者感受到来自环境的限制，认为自己在目前所处的环境中无法施展拳脚、大展宏图，甚至认为现实的环境已经没法给自己提供更大的空间。但有可能作画者也心甘情愿地继续留在这个环境中。其次，这棵树的树冠，与其说是圆形或球形的，不如说是接近方形的，它代表作画者具有一定的保守倾向，想继承和遵守社会的传统，具有强大的责任感，同时也想满足父母的期待。

## 树叶

树叶是树木很神奇的组成部分。树叶是植物进行光合作用、制造养分、进行呼吸的主要器官，它们吸收二氧化碳，释放氧气。此外，树叶还为树遮风挡雨，在与环境互动的过程中，树叶可以起到过滤和缓冲的作用。树叶的形状各种各样，有椭圆形、心形、掌形、扇形、菱形、披针形、卵形、菱形、三角形等。树叶的颜色也不尽相同，有的鹅黄，有的嫩绿，有的艳丽若花，有的朴实无华。即使同一种树的树叶，其颜色也随四季轮转而发生变化。由于树叶具有这些特点，人们画的树叶也非常具有个性。由于很多人的树木图是简笔画，所以树叶也常被忽略或者只是简单描画几笔。可一旦树叶被画出，就会非常个性化，可以代表作画者的个性。

如果作画者画出了茂密的树叶，而且不是前面提到的强迫性倾向的画法，也不是非常刻板的画法，那这至少代表三层含义：一是代表其生命力旺盛，只有生命力旺盛的树才可能枝繁叶茂；二是代表其与环境友好相处，只有养分充足、温度和湿度适中，树木才能生长出茂密的叶子；三是代表能量交换顺利与通畅。

如果完全没有画树叶，或者树叶全部掉光，或者画的是枯树，树的整体是消极的，那其代表的含义也是消极的：一是代表作画者的生命力不足，或者代表其有一种失落感；二是代表作画者与环境的互动不良，其感受到的环境可能是恶意的、敌意的，或者至少是不友好的；三是代表作画者在环境中完全没有能力保护自己，因为树完全以一种没有任何防护的姿态出现，没有任何缓冲和遮挡；四是有可能代表作画者的情绪非常低落，内心的活力和感受仿佛都"死去"了一样。

我们前面也曾提到，如果树木图从整体上看具有积极意义，那掉光树叶的树木图也有可能代表着坦诚而真实地面对他人。树叶掉光的树是赤裸裸地面对环境的，这也象征着作画者用真实的样子面对外界。有些作画者画的树生长在冬季，此时，没有树叶代表树在积蓄能量，也代表作画者的状态是在休眠期、蛰伏期，正在为新的生长打下基础。

不同形状、不同画法的树叶所代表的具体含义也不尽相同。

1. 大叶型。代表作画者有依赖感（Burns & Kaufman，1972；Burns，1982；Jolles，1964），不愿意独立，容易相处（图 13-16）。

2. 针叶型。代表作画者缺乏滋养，尖锐或刻薄，不易相处（图 13-17）。

3. 手掌型。代表作画者具有同情心，愿意与他人接触，对他人热情（图 13-18）。

图 13-16       图 13-17       图 13-18

4. 树叶浓密。代表作画者生命力旺盛，有活力，能量充足（图 13-19）。

5. 树叶稀少。代表作画者生命力不足，活力不够，能量低（见图 13-20）。

6. 没有树叶（枯树）。代表作画者的生命力严重不足；也代表其没有活力，有衰竭感；表明其生命中具有失落

 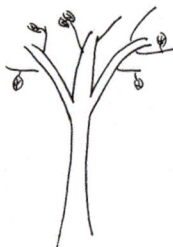

图 13-19       图 13-20

感、空虚感（图 13-21）。

7. 树叶掉落。象征着作画者倾向于对养育来源的依恋，如对父母、家庭等；也表示其具有依赖性。如果画上呈现的是在收集树叶，则表明作画者想从父母处或家庭中得到爱和温暖。如果画上呈现的是在烧树叶，表明作画者爱的需求得不到满足后其情绪转变为愤怒。

图 13-21

如果仅从树叶的角度观察，我们可以从图 13-22 中了解到哪些信息？作画者虽然说自己画的是棕榈树，但画面呈现的是针叶型的树叶。我们在前文讲过，针叶型树叶可能代表作画者缺乏滋养、尖锐、刻薄或不易相处。从树叶的形状和描画的笔触中可以看到，作画者把树叶画得像尖刺一样，而且整棵树都生长着这样的树叶，这代表作画者具有一定的攻击性，只是不清楚这是出于自我保护，还是主动攻击。

至此，如何对树冠、树枝和树叶进行解读的阐述就结束了。可能有的人画出的树冠、树枝和树叶刚好在本章中有

图 13-22

讲到，而有些人的画法则并不在其中。即使你画的细节没有被解读到也没关系。最重要的是理解树冠、树枝和树叶总体上的象征意义：表现作画者人际关系方面的状况，其与周围环境的整体关系，其生命力的状况，其能量交换的状况。从这个象征意义上去理解树木图是非常重要的。

成长·操作

请你根据自己所画的树木图，解读树冠、树枝和树叶，并把你的解读写在图画背面。也请你写上解读的日期。下次再翻看时可以随时补充一些内容。借助图画来进行反思和自我探索，是自我成长的一个有效途径，有时甚至是个捷径。

# 14 附属物：果实和四季代表的含义

对树木图而言，附属物是指画面中除了树之外的他物。附属物能够很好地表达作画者的个性，它们或者是在重复作画者要表达的主题，或者是在补充新的内容，具体含义可以与作画者一起探讨。由于附属物非常丰富，很难穷尽所有种类，所以我只挑选其中具有代表性的部分在本章中进行介绍：果实、四季、大自然类、动物类、房屋类等。

## 果实的含义

果实通常具有积极的含义，树上有果实，通常代表作画者的自我评价较高，有比较多的自我肯定，因为果树象征着作画者能够创造成果，拥有成就感。但不能倒着推论，认为如果作画者没有画果实，就代表其自我评价不高。在很多人的树木图中可能都没有出现果实，在这种情况下，自我评价的指标就要从画面的大小、画的位置、笔触线条、树形、树的构造等方面来了解。毕竟果实是附属物，而不是指导语要求必须出现在图画中的元素。而且在大自然中，确实存在一些不结果实的树。结合以上元素，对有些作画者而言，没有画果实可能意味着尚未设立可实现的目标，或者对自己的评价不高，对自己没有什么要求。然而对有些作画者来说，则不能用这两条来解读其图画。

果实的多少、大小、所处季节可能象征成就、报酬、欲望、希望、目标、恩典、成熟等。

### 1. 掉落的果实

有些学者认为，画面上呈现掉落的果实表示作画者在成长中曾遭遇过一些伤害性事件，这些伤害性事件可能是精神上的，也可能是身体上的，且这些事件严重影响了其成长、价值观或信念，让当事人感到自己遭受拒绝、受到不公平的对待，或者有一种深深的负疚感，甚至是罪恶感。这种情况被称为"坠落天使症候群"（Jolles，1964）。在树木图中，遭受过强暴或者受过暴力伤害类的创伤常被用坠落的果实表现。如果要考察创伤的严重程度，则可以从果实掉落的原因、腐烂程度来分析。

#### 掉落的原因

如果果实是被风吹落的，代表伤害可能由作画者无法控制的外界因素所造成。如果果实是被人打落或摘掉的，代表伤害可能由人为因素造成。

#### 腐烂程度

如果掉落的果实还可以食用，通常代表状况不是那么糟糕，受到的伤害是可以愈合的或者正在恢复中。作画者觉得自己仍是一颗"好果子"。

如果果实已经腐烂，通常代表事件对作画者的影响比较严重，或者持续的时间太长，已经造成了深深的、永久的伤害，这种伤害对作画者仍然具有影响。有时作画者觉得自己就是腐烂的果实，已无可救药。

对于图画中果实掉落的信息，需要非常谨慎地与当事人进行沟通。在我的经验中，掉落的果实有可能没有严重到创伤的程度，而是代表了作画者失落的情绪和感受，尤其是在人际关系方面。

图14-1是一名16岁高一女生所画的生长在秋天的苹果树。从整体来看，画面充满了生机：有果实，有小鸟，还有太阳，这是一棵茁壮成长的苹果

树。但整体画面仍让人有一种挥之不去的
焦虑感：太阳被乌云遮住，树叶在往下
掉，树干上可见虫子已将树干蛀出了洞，
地上还有掉落的苹果。在她的描述中，伤
害性事件是父母离异。她没有讲具体经过
和细节，但我们从她所画的树木图可以看
出，伤害主要来自父亲方面。父母离异这
件事情，让她有从天堂坠落到人间的感
受，让她的状况从好变得没那么好了。比
较幸运的是，掉落的果实没有腐烂，父母
离异对作画者产生了影响，但这种影响并

图 14-1

不是整体性和根本性的。整棵树仍然在茁壮成长。

### 2. 果实的成熟度

果实的成熟程度代表作画者人生发展的不同时期：仍在开花，代表作
画者处于生命的耕耘期，需要付出很多努力；刚刚结果，代表作画者处于
有所作为的初期；青涩的果实，代表作画者虽然取得了一定的成绩，但仍
需要继续努力，尚未到享受和收获的时间；成熟的果实，代表作画者处于
丰收、享受的阶段。

### 3. 果实的数目

果实的数目是值得注意的。果实的个数虽是随手所画，但有时人在潜
意识中会把果实的个数与某些现象联系在一起。在女性所画的图画中，有
时候果实会代表孩子，或者代表对孩子的态度，所以其画出的果实与孩子
有一些关系。对人生目标非常明确的人，其所画果实个数可能和重大目标

数目一致。在"坠落天使症候群"中，掉落的果实数量可能与作画者受到伤害时的年龄有关，或者与受到伤害时的其他元素有关。我也遇到过果实数目和作画者的年龄一致的情况。作画者本人更能解释果实数目的含义，因此可以由作画者本人来寻找其含义。

### 4. 果实的数量和大小

**大而多的果实**。代表作画者有较多的欲望和目标，有信心实现自己的目标；也表示作画者往往因追求过多而无法很好地分配自己的时间和精力；或者作画者尚未确定对自己而言真正的、最重要的需求是什么。

**大而少的果实**。代表作画者有明确的目标，把自己的精力集中在有限的几个目标上，知道什么对自己最重要且有信心实现自己的目标。

**小而多的果实**。代表作画者有较多的欲望和目标，没有确定对自己而言真正的、最重要的需求是什么，也没有足够的信心实现自己的目标。

**小而少的果实**。代表作画者对自己的评价不高，不相信自己能做出大的成绩。

**不同的果实**。代表作画者有多种欲求，有完全不同的目标，有较多的可能性和选择，处于难以抉择的状态。

图 14-2[1] 的作画者是一名大一的男生。他画了一棵结满奇怪果子的树，树的左边结满了苹果、香蕉、梨和西瓜，右边结满

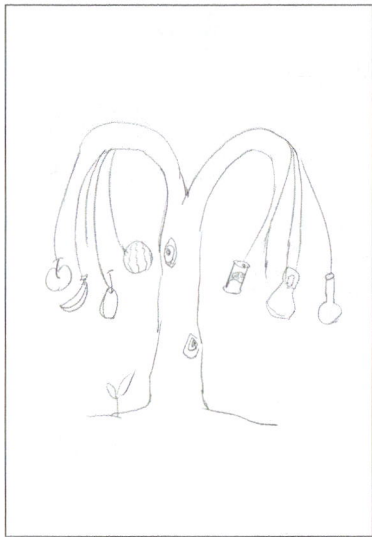

图 14-2

---

① 摘自严文华所著《心理画外音（修订版）》一书的相关章节，该书由上海世纪出版股份有限公司发行中心（上海锦绣文章）出版。

了易拉罐、花瓶等。需要注意的是，左边是天然的果实，右边是人工制造的"果实"。这代表了作画者有很多不同的欲求，他有可能追求各种感官享受，可能对性、性别认同、性的欲望有需求、有冲突，也可能什么都想要，但因时间和精力有限，只能获得某些特定的东西，所以他举棋不定，不知道如何选择。

## 四季的含义

从严格意义上讲，四季既是附属物，同时也是时间取向，它可能体现在作画者所画的树上，也可能体现在作画者作画之后对问题（如"这棵树生长在什么季节"）的回答中。四季具有多层象征含义。

第一，象征生命发展的阶段。大自然遵循春生、夏长、秋收、冬藏的规律，人们也会用四季来象征自己的人生发展阶段：春天代表童年，夏天代表青少年和青年，秋天代表中年，冬天代表老年。除此之外，人们还会用四季来表达自己的心理发展状态：春天处于萌芽生发阶段，夏天处于生机勃勃阶段，秋天处于收获丰收阶段，冬天处于休养生息阶段。感受到自己处于收获季节中的人更容易画秋天的树。例如，大学生毕业群体就很容易画出秋天的树，因为对有些人而言，毕业也是一个收获的季节。但是，同样是毕业生，我们也可以看到有人画春天的树，因为他们在内心里觉得自己尚未准备好毕业，远未到收获的季节，或者毕业对他们而言意味着新的开始。

第二，象征事物或事件发生的阶段。事情的发生和发展过程也可以用春夏秋冬的时间类比。即使是瑜伽练习，在一次课程中，好的教练在动作的编排上，也会遵循春、夏、秋、冬的规律。图画中的四季就可能代表一些重要事件的发展状态。例如，在情侣画的树木图中，如果双方对恋爱状态的感受不同，就直接表现在画中的季节和果实的成熟度上。一方所画的树可能已经处于秋天，果实成熟了；而另一方所画的树则处于春天，树才刚刚发芽。前者对恋爱的感受是已经可以步入谈婚论嫁的阶段了，而后者的感受则是刚刚才开始有心动的感觉，双方对恋爱阶段的知觉差异特别大，此时，就需要调整双方的节奏。

第三，象征对生命能量的感受。在每个季节中，生命能量是不一样的。春天万物复苏，代表能量开始苏醒；夏天生机盎然，万物茁壮成长，代表能量非常高；秋天是丰收的季节，代表能量充沛；而冬天万物萧条，代表能量水平较低。生命能量充足和充沛的人，更倾向于画出夏天的树，而生命能量低落和不足的人，更倾向于画出冬天的树。

人们画的树所处的季节在一定程度上会受到现实季节的影响。在研究中，我们确实发现，现实的季节会影响人们对图画中季节的描述。例如，在春天的时候作画，大多数人都会画出春天的树。但是，这并不影响人们把自己的感受投射在所画的树上，换言之，心理上有特别感受的那些人，仍然会描述自己所画的树生长在自己心理上所感受的季节中。

还有一些特殊情况，树木生长的情况和现实中的状况不符，反季节或季节错乱。例如，苹果树是在春末夏初开花，在秋天成熟，但有人画了春天就结果的苹果树，这与现实季节就不符，或者还有人画了在秋天开花的苹果树，这也与现实季节不吻合。这种情况就需要与作画者进行沟通，了解其具体含义。这种季节错乱的情况象征着不合时宜、节奏混乱：过早成熟的果实可能象征着过早成熟的情感，或者事件发生得过早；而过晚开花象征着过晚成熟的情感，或者事件在该发生时候没有发生，发生迟滞了。

**成长·操作**

在本章中，我们介绍了果实和四季的心理含义。根据所学的内容，你会怎样解读自己的树木图？你所画的树是否有果实？你所画的树生长的季节，是与作画时的自然季节一致，还是与自己的心理感受的季节一致？你会怎样理解这些信息？请把你的解读写在图画背面。这些反思会帮助你更好地理解自己。

# 15 附属物：大自然类、动物类附属物的含义

本章介绍的附属物包括以下三个类别：一是大自然类，包括花、草、山、水、石；二是动物类；三是其他类。在本章最后，我将以一幅图画为例进行解读。

## 大自然类

无论画什么主题的图画，出现最多的附属物就是大自然中存在的物，花、草、山、水、石等最为常见。其实树也常常作为附属物出现，作画者画的多棵树也属于附属物，这个部分我将在树际之间的关系中呈现。

### 花和草

花和草具有积极的含义，通常代表生命力和生机，也代表环境具有滋养性，代表作画者与环境和谐相处。在环境非常恶劣、土壤非常贫瘠的地方，花和草是难以生长的。相较而言，草在附属物中更常见，代表的是普通、平凡、不起眼的生命力；花则代表作画者拥有较高的自我评价，代表其对审美的要求和对美的追求。如果作画者画的是品种非常独特的花，则代表其具有独树一帜或浪漫的个性。

## 山

山是自然界常见的景物，在心理学上，它具有多重含义：一是代表作画者的目标，所以攀登高山象征着向目标奋进；二是代表作画者具有坚持的力量，代表其得到他人的支持、鼓励和肯定（可能来自家人、其他人或自己），这为其提供了安心感和稳定感；三是代表作画者遭遇到阻力、障碍、压力、困难和挫折，也代表由此而来的负面情绪，如沉重感、低落感、压力感等。对山的具体解读，我们可以从作画者所画的山的形状、山的性质、山的大小、山的色彩等方面进行。

## 石

石头是缩小版的山，所以它和山一样，也具有双重含义。从积极的角度来说，石头可以是铺路石、垫脚石，可以成为人们前进的辅助工具；从消极的角度来说，石头代表着障碍、阻碍、困难和挫折。至于石头具体代表哪一种含义，要看画面的具体内容和石头的画法，也要与当事人确认。

## 水

水的含义非常丰富。对包含水的图画，我们可以通过水的形态、水的性质、画面构图、水的颜色、温度、面积或体积、附属物、笔触等进行全面分析。从大的方面看，水可以具有积极或消极的含义。从积极方面看，水象征着生命力，是生命之源；象征着流动和交流，也象征着变化和灵活。水象征着能量和力量；象征着净化和荡涤，有净化的功能；象征着承载、容纳、包容、接纳。水的动静转换、生生不息也常被用来比喻生死轮回。

但另一方面，水又具有消极的含义，如情绪低落、愁绪万千、哀苦不断。特别是当水的形式转化为眼泪时，常代表作画者情绪低落、悲伤、哀伤和愁苦。另外，水的巨大能量，也可以是破坏性的。《孔子家语》中说："水可以载舟，亦可以覆舟。"

## 太阳

太阳是给予万物光明的源泉，所以人类对太阳的崇拜自古就有。在树木图中出现的太阳通常代表力量、温暖、方向等。由于太阳的图案出现过多，它的含义反而会被泛化或模糊化，有时候它可能只是一个单纯的装饰符号，而失去了其具体的含义。

画在不同位置上的太阳具有不同的含义。大多数人的太阳画在纸的右边。按照我们在第 8 章中所述的画面位置的含义，右边代表父亲、男性、未来等。画在右边的太阳可能代表父亲、英雄、圣人；也可能代表作画者关注理性的部分，关注未来；也可能代表作画者认为在这个世界上男性是主宰者，男性是力量的掌握者。有一些作画者会把太阳画在左边，左边代表了母亲、女性、过去等。画在左边的太阳可能代表了与母亲和女性的关系，也可能代表作画者关注感性的部分，或者关注过去。

## 动物类

树木图中出现的动物通常具有一些基本的含义：首先，动物的出现代表了作画者具有生命力、生机和能量，动物的体型越大，代表其能量也越大；其次，动物代表了作画者内在自我的一部分，是其人格中的某个方面，代表其内在愿望、欲求、本能或冲动，也是更接近本我的那部分；最后，动物的形象也代表着作画者的自我形象，选择什么动物以及如何将其画出，代表作画者对自我的认同度。

每个人对动物的看法不同，即使对同一种动物也如此。一只狗对一个人意味着忠诚，但对另一个人可能意味着恐惧的对象。在解读动物时，我们需要了解在作画者看来这种动物代表的意义。下面给出一些动物在一般意义上的解释。

## 鸟

鸟是树木图中出现频率最高的动物，它代表的最基本的含义是作画者渴望自由、无拘无束、不受束缚。鸟的品种及画法不同，其含义也不尽相同。

**鸟巢**代表作画者具有依赖性，希望或正在被养护。

**排成行的大雁**代表作画者处于群体中、在良好的纪律约束下享受自由；表明作画者渴望有纪律、有规则的自由。

**正在树上吃虫的啄木鸟**代表作画者借助外力获得疗愈和医治，代表其自我疗愈。

## 家禽和家畜类

常见的家禽类有鸡、鸭、鹅等，常见的家畜有猪、牛、羊等。如果图画中出现这些动物，通常代表作画者对田园生活、农家生活的向往。

## 宠物类

常见的宠物有猫和狗。图画中的宠物通常代表作画者对人际关系的需求，尤其代表作画者渴望与家人之间的亲密关系。同时也渴望舒适的生活、安全的环境。画猫的人，在亲密和陪伴的同时，希望有独立的空间和自己的节奏；画狗的人，希望对方有更多的忠诚。

**兔子**代表作画者机警而警觉，具有一定的不安全感；也代表其性格温顺、可爱、善良，人畜无害。

在家里养的兔子介于宠物和家畜之间，会更加温顺、可爱；在野外的兔子则更机敏、自由和灵动。

**松鼠**代表作画者非常机灵、灵活，有灵性；会为将来囤积和储藏某些东西。

**树洞中的动物**代表作画者渴望自己有一个温暖的环境，使自己得到很好的照顾；渴望得到关爱；具有依赖性（Jolles，1964）。

## 其他

### 房屋

树木图中出现的房屋通常代表与家庭有关的部分，这里的家庭可能是原生家庭，也可能是目前的家庭，也可能是未来的家庭。房屋可能代表作画者与家庭的关系是否亲近，态度是否信任。可以从房屋的大小、房屋与树的距离、房屋的构造等来分析，但这一部分的分析已有较为成熟、更为详尽的解读，在这里不再赘述。

树上的房屋表示作画者想在险恶的环境中寻找一个安全的庇护所。

### 篱笆

篱笆代表一种防御，代表作画者与他人和外界之间有防护，也可能代表作画者拒绝或不欢迎那些未经邀请就闯入其世界的人，表示他对外界事物持非常谨慎的态度。

### 秋千

在图画中，秋千一般是吊在某一根树枝上的，这表明作画者把生命的全部或最重要的方面寄托在某件事或某个方面。

人在树上荡秋千，可能表示作画者以牺牲他人来应对生活某方面的压力。

## 图画解读实例

现在，我们结合上述内容看图 15-1[①]。这是一张主题为房树人的图画，但现在我把它用作附属物的练习图。在这幅图画中，附属物有草、太阳、动物：天上有海鸥；地上有小鸡，有古堡，有人，有篱笆。即使作为房树人的主题图画，它也属于有较多附属物的图画。附属物的丰富度也反映了作画者内在的丰富度。引人注目的是图中有两棵树，左边一棵，右边一棵。这两棵树都代表了作画者本人，非常有意思的是，两棵树形成了强烈的反差和互补，左边的树具有沧桑感，右边的则是一棵稚嫩的小树；左边的树已经结出了

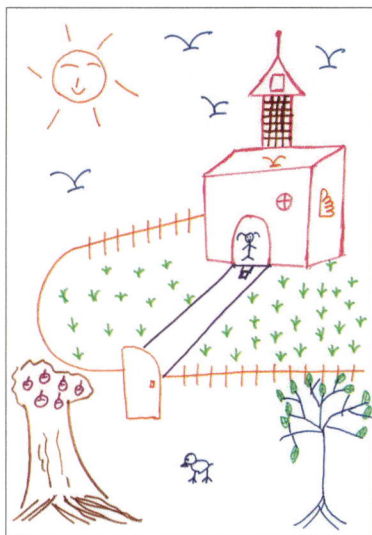

图 15-1

果实，右边的才刚刚开始成长，这反映出作画者发展的不平衡。古堡和篱笆反映了作画者内在的不安全感。古堡是封闭的，要走过一段长长的路才能够进入。作画者把屋子建成封闭式的古堡仍觉得不够安全，又用栅栏将其围起来，栅栏上的门也是关闭的，且进入房间必须先踏上台阶，甚至连

---

① 摘自严文华所著《心理画外音（修订版）》一书的相关章节，该书由上海世纪出版股份有限公司发行中心（上海锦绣文章）出版。

小鸡和树也只能在院子外面。这种不安全感会带来一种封闭和束缚，而天上的海鸥则是对封闭和束缚的一种补偿，天上共有五只海鸥在飞翔。海鸥比其他鸟类更喜欢追求自由、更有力量，因为它们是大海上的生灵，可以在暴风雨中飞翔。太阳在图画的左边，我们前面说过，这代表作画者受到母亲或女性长辈的影响更大。

成长·操作

到这里为止，树木图中有关附属物的解读就结束了。你的树木图中有附属物吗？除了书中讲到的部分，你的图画中还出现了哪些附属物？你会怎么解读自己所画的附属物呢？请你把这些解读写在图画的背面。

# 16 树与环境：生长环境展现了一个人的内心

树的生长环境涉及很多内容，我将其归纳为四个方面来阐述：环境性质、人际交往、生长地点、土壤性质。这四个方面并未穷尽所有的可能性，只是提供了一个解读的框架。

## 土壤性质

树木扎根于大地，所以土壤的性质决定了树木的成长历程及其最终成长的结果。土壤的性质可以分为富饶和贫瘠。扎根于富饶的土壤中，树木就更容易茁壮成长；而扎根于贫瘠的土壤中，树木的成长过程就更加艰难。土壤在这里代表了作画者的原生家庭、出生时的社会环境，以及作画者感受到的来自重要他人的支持和关爱。富饶的土壤通常代表作画者成长的环境为其提供了足够的爱、支持以及充足的资源；贫瘠的土壤则代表作画者感受到来自环境的爱与支持相对匮乏，资源也不够充足。

这里土壤的性质是基于作画者的感受判断的，和现实中土壤富饶与否并不一定相同。这与作画者的现实检验能力有关。现实检验能力高的作画者，其知觉到的现实与客观现实比较接近，而现实检验能力比较低的作画者，其知觉到的现实有可能与客观现实相去甚远。例如，我曾遇到一位作画者，他认为树木生长的土壤是有毒的，这就与"乳汁是有毒的"具有相同的性质，作画者具有强烈的被迫害感。如同树木在有毒的土壤中无法健康地生存一样，尽管这位作画者已经是成人，但他依旧觉得自己无法摆脱来自原生家庭和父母的"毒害"。这并不意味着父母当下真的做了什么事情，而是作画者夸大并内化了其父母早年的一些做法，且把这些当作正在发生的事情。

## 生长地点

树木的生长地点大致可以分为以下几类：野外的和近人的；平原的和高山的；近水的（溪边、河边、湖边、海边）和远离水的（沙漠）。

树木的生长地点是由作画者决定的，或者说是由作画者精心挑选的。树木的生长地点本质上代表了作画者对现实环境的感受或渴望。与画出有人相伴的树相比，画出生长在野外的树可能反映出作画者更渴望自由，更渴望发展自己天性、原始的部分（有时也被称为野性的部分），更有远离尘世的感觉。图画中出现有人相伴的树，则表示作画者强调自己与他人的关系，代表其更有入世感。

野外这一生长地点又可以被细分为平原、高山或热带雨林地区等。一方面这些地点携带着作画者成长经历中的地理色彩，另一方面这些地点也具有心理学的含义。例如，平原比较平坦，一望无际，树木可以更充分地与大自然接触，矗立在平原上的树木则会更加引人注目，有时甚至会成为地标性的符号。

作画者选择让树木生长在平原上，可能代表了其更愿意在开阔、宽松的人文环境中生活，期待人与人之间的关系更质朴。

生长在高山上的树木，可以借助山的优势，具有更高的高度，这可能代表了作画者拥有更高的人生目标，具有更高远的人生视野。

热带雨林往往处于原始的状态，而且植物生长得非常密集。这一方面表明温度、湿度、土壤都非常适合一些树木生长，但另一方面这个环境又充满了竞争性且生态也呈多元化，作画者选择让树木生长在热带雨林中，可能代表了其渴望更原始、更质朴的生活环境，希望能够按本能行事，希望自己完全按自己的天性成长。

另外还要看树木图的具体画法，有的作画者会画一大片树林，不知道哪棵树代表自己，这象征着作画者想淹没在群体之内，想隐藏于众人之中，而不愿意引人注目，似乎只有隐身于群体之中才是安全的。

有人相伴的地点有院子、小区、公园、果园、道路两旁等。生长在上述地点的树与人的亲近关系也是依次降低的。图画中的树生长在院子里，代表作画者对家人的需求强烈；生长在后面几个地点则代表其对社会群体的需求，是一种更泛化的人际需求。作画者画出人行道两旁的树，通常代表其与社会的融合和亲近感，也可能代表其比其他人有更深的入世感，同时也可能代表其对群体和团队有更强的需求，愿意借助团体的力量做事情。

植物是需要水分的，所以我们可以从距离水的远近将生长地点分为近水的和远离水的。近水的地点可能是在溪边、河边、湖边、海边，远离水的地点则可能是在黄土高坡、戈壁滩上、沙漠里。作画者选择近水的地点代表其感受到的滋养是足够的，或者其情感是充沛的；作画者选择将树木画在远离水的地点则代表其感受到的滋养是不足的、匮乏的，或者其情感是干涸的。

我们看图 11-1 和图 11-4。图 11-1 上画的树就生长在水边，即湖边，而图 11-4 上画的树却生长在沙漠里，两棵树的生存状态完全不同。图 11-1 的树能够得到足够的滋养，而图 11-4 的树则缺乏滋养。

## 环境性质

我们可从三个层面来理解环境的性质：安全的，还是不安全的；友好的，还是敌意的；自由生长的，还是受到束缚的。

通常，若作画者把环境知觉为安全、友好的，则其图画具有如下特点：第一，在其图画中会呈现出与环境和谐相处的线索，除了树本身的位置、大小和笔触这些线索外，各种附属物也会对此有所呈现，如上章提到的花、草、山、水和各种动物等；第二，在天气和气候方面，有可能是晴天或温和宜人的气候；第三，阳光、温度和湿度都是充足而适宜的。

与此相反，作画者若把环境知觉为不安全的、带有敌意的，则其图画具有以下特点：第一，在其图画中，附属物的种类或数量比较少，即使出现附属物，通常也带有负面的含义；第二，在天气和气候方面，天气有可能是风雨交加、电闪雷鸣，气候则要么炎热、要么寒冷，总之不适于成长；第三，阳光和水分不充沛，或者不适宜树木生长。

在树木可以自由生长还是会受到束缚方面，大多数树木在环境中都能够自由生长，但也会有作画者画出受到束缚的树，如周围被围起来的树、长在花盆里的树、被修剪的树、被捆绑的树等。这些被束缚的树代表了作画者感受到环境对其的束缚，表明其在环境中受到各种局限，难以大展宏图。有时候，这种束缚会和作画者生活中具体的事件相对应，有时候则是其对环境的感受。

我们一起看一下图 16-1 和图 16-2[①]，你觉得哪棵树受到的束缚更大？从作画者的感受来看，图 16-2 目前受到的束缚更大些，因为图画中的树不只被截枝，还被拉着的绳索捆绑住。这幅图的作画者是刚刚进入大学一年级的新生，他这样描述自己所画的树："我画的是校园里的梧桐树。我刚入校两个月，校园给我印象最深的就是这种梧桐树。家乡的树很多，漫山遍野

---

① 摘自严文华所著《心理画外音（修订版）》一书的相关章节，该书由上海世纪出版股份有限公司发行中心（上海锦绣文章）出版。

都是，但从来没有被修剪过。然而在我们的校园中，我发现这种树被修剪得面目全非，我不知道他们为什么要把长得好好的枝条全部剪光。被修剪过的树真难看。"他其实用了象征性比喻的方式来描述自己的故事："我就是那棵被修剪掉所有绿枝的树，失去了本来的面貌和活力，而且被环境束缚着。上海与家乡相差太大，刚来到这座城市的时候，我甚至分不清东西南北。同学们谈论的话题对我而言也是陌生的，上海话听上去像日语，在乘坐公交车时我总是怕坐过站。在这样的环境中，我觉得自己非常受拘束，做什么事都小心翼翼，生怕自己做错什么事被人笑话。"这反映了他对新环境适应不良。

图 16-1

但是，从长远来看，图 16-1 中的树受到的局限更大，因为不论其如何生长都无法挣脱花盆的限制，不论其具有怎样的成长潜力，它的高度已经被花盆和房间定义了。图 16-1 的作画者面对的是更大的悲剧。他感受到的局限是多重的：限制树木成长的不只有花盆，还有房间，这棵树不仅缺乏成长所需的土壤，也缺乏成长所需的空间，树根所能延伸之处和树木所能达到的成长高度都已经被限定。图 16-2 中的树则长在草地上，可能在下一个春天的时候，树木会长得更高大、更笔直。而且从长远来看，目前对这棵树的束缚可能有利于其长得更笔直。从这个意义上说，有时候格局的束缚是最悲哀的。

图 16-2

## 人际交往

在前面的章节中，我曾提到，树与树之间的关系也反映出人与人之间的关系。我们可以从三个层面来了解树木图所反映出的作画者的人际交往情况：群居的还是独处的；孤独的还是不孤独的；开放的还是封闭的。

我们先来看群居还是独处这点。有的作画者会画两棵或更多的树，这些多画出来的树也属于附属物。这样画具有多层心理学含义：第一，画出多棵树代表对人际关系比较敏感，或者对人际关系有更高的需求；第二，所有画出的树都代表作画者本人，如果画出两棵不同的树，就代表其具有两种不同的个性。

需要说明的一点是，按标准的树木图指导语画出的画作中，大多数作画者都只画一棵树，这是一种常态，而并不代表他们是孤独的。如同我在前面所阐述的，与环境的关系还可以从画上的附属物和其他方面来分析。画出一棵树的人完全有可能是与环境友好相处的人。另外，有些作画者即使只画了一棵树，但在回答问题的时候他会说："这是生长在树林里的一棵树，周围还有其他很多树。"这种树也属于群居的树。因此，语言的补充有时候非常重要。

有时，树的孤独感可以从画面中的阴影、线条、构图等方面透露出来，有时候则可以从作画者的语言描述中得到补充信息。画出多棵树的作画者，有时会感到处在人群中的孤独和寂寞；而画出一棵树的作画者，也有可能与他人和谐相处。

树木图呈现出的环境是开放的还是封闭的，即树木成长的环境是欢迎他人进入的，还是排斥他人进入的。开放性通常从与环境和谐相处的线索中可以看出来。栅栏、篱笆等代表封闭的环境，代表作画者想与他人保持距离。

图 16-3 的作画者就画出了三棵树。她说中间的那棵树代表她自己，三棵小树都是刚刚从苗圃移植到公园里的。我们可以看到，三棵树之间的距离不远不近，代表了对作画者而言，最舒服的人际关系是保持一定距离的同伴关系，但从整体上看，这棵树是与环境和谐相处的，能够获得环境的支持。

图 16-3

**成长·操作**

至此，对树与环境这个主题的解读就结束了。环境这一部分的解读具有深远的意义。你会怎么解读自己所画树木图中的环境呢？这一部分内容给你怎样的启发呢？请把你的解读写在图画背面。

# 动态解析：作画过程本身所蕴藏的信息

本章将从动态的角度解析作画过程本身所蕴藏的心理学含义。在第 2 章中，我曾建议大家对作画的过程做一些观察和记录。首先，要记录作画的时间。其次，记录自己是按什么顺序作画的，先画的什么，再画的什么，最后画的什么。最后，记录作画过程中的涂擦。在本章中，我会介绍如何解读你所记录的这些信息。

## 作画的时间

作画时间是一个非常重要的指标，可以让解读者观察到作画者的行动力。大多数人都会以有条不紊的方式或者按自己的节奏来作画。对于画树木图，我通常不设时间限制，但大多数人会在 5~15 分钟内完成。

如果作画者在非常短的时间内就完成了画作，如 1~2 分钟内，这有多种可能性：一是作画者行动迅速，讲究效率，做任何事情都力求在最短的时间内完成，有时可能为了效率而牺牲细节，或者在思考之前、计划之前就已经付诸行动；二是作画者的防御意识很强，不愿意过多地表达自己，想掩饰真实的自我；三是作画者做事情敷衍了事，态度不认真。

作画的过程花费的时间非常长也具有多种可能性：一是作画者的性格非常谨慎，关注细节，追求完美，在细节方面花很多的时间，有强迫倾向，可能为了细节而牺牲效率；二是作画者优柔寡断，迟迟不能决定画什么内容、怎么画；三是作画者的防御意识很强，担心自己画出的内容会过多地暴露自己，所以反复涂擦，最终花费了比较多的时间。

我遇到过的画树木图用时最长的为一个多小时，而且材料只有一张 A4 纸、一支铅笔和一块橡皮，完全没有涂色。作画者非常犹豫，也有强烈的防御心。

我在这里呈现了三幅树木图，即图 17-1、图 17-2 和图 17-3，作画者完成三幅图画的用时分别为 4 分钟、5 分钟和 60 分钟。当然，第三幅是彩色的画，即便如此，用时 60 分钟仍然是非常长的。很显然，第三幅画（即图 17-3）的作画者具有完美倾向，在树枝部分她有多次涂擦，对细节过度关注，在性格上属于谨慎仔细型。

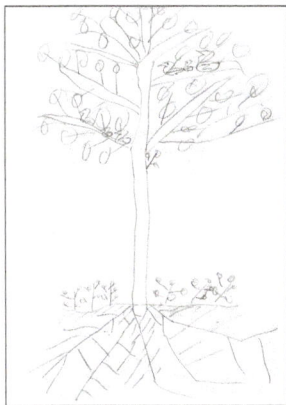

图 17-1　　　　　　　　图 17-2　　　　　　　　图 17-3

我还想补充一点，作画时间与图画内容所呈现的丰富性并不完全成正比。我们对比图 17-1 和图 10-3，仅仅从图画内容来看，我们并不知道两个作画者所用的时间。我们可能会猜测，画图 10-3 所用的时间更少，因为画面更简单，只有两根线条，而图 17-1 的画面内容更复杂。但实际上，画

图 10-3 用时 15 分钟，而画图 17-1 只用时 4 分钟。图 10-3 的作画者具有犹豫不决的个性，对自己非常不自信，所以她花了比较长的时间等待和观望，看周围的人怎么画。图 17-1 的作画者倾向于快速行动，虽然他画出了很多细节，但他对于细节的质量并不是特别在意。

## 作画的顺序

当我们观察一幅已经画好的树木图时，只能得到静态的结果，而无法得知作画者在作画的过程中发生了什么。如果有机会观察作画者作画的过程，我们就能够观察到很多信息。

第一，作画者是按怎样的顺序来构建图画的。大多数人通常都按照一定的空间顺序构建自己的图画。在画树的时候，很多人会先画树干，然后画树冠或树根。有人可能会从下往上画，先画树根，再画树干，最后画树冠和树叶。还有些人会从上往下画，先画树冠，再画树干和树根。不论上述哪一种，作画者都遵循了一定的空间顺序，都有其内在的逻辑。

如果作画者完全没有任何逻辑顺序，而是用支离破碎的方式来画树，如先画树冠，再画树根和附属物，最后画树干把画面拼凑起来，则反映了作画者的认知方式杂乱、缺乏逻辑，可能在一定程度上存在认知或心理障碍。

美国心理学家伊曼纽尔·哈姆（Emanuel Hammer）曾这样描述过一个作画者画人的过程："一个人画人时先画了双脚，然后画头、膝盖和双腿，最后将这些分开的部分连到一起。而最终成型的画作却完全看不出该异常的概念成型过程。当事人只在作画的顺序中展现出无序的思考过程，从而反映了自己快被深层的心理病态压垮了"（Hammer，1971）。

第二，作画者最先画出来的内容通常是自己最看重的部分。先画树根的作画者，最看重自己的本能领域和过去空间；先画树干的作画者，最看重自己的情绪领域和现在空间，而先画树冠和树叶的作画者，则最看重自己的精神领域和未来空间。有的作画者可能最先画出的是附属物，如太阳或鸟，此时这个附属物所代表的含义便是他最看重的。

第三，作画者笔触和线条的使用方式。有些作画者在刚开始的时候，笔触可能非常轻，然后越来越稳定、越来越有力度，这表明他们做事情时需要一定的时间来启动自己，可能属于慢热型。有些作画者开始的时候对每一根线条都认真对待，但以后越来越潦草，越来越不耐烦，这表明他们做事缺乏足够的耐心，虎头蛇尾。

还有些作画者最后的图画作品具有掩饰性：单纯只看图画，可以看到作画者是一个自信的人，但观察其作画的过程，会发现作画者开始画的是不稳定的、犹豫的、断续的线条，作画者会擦掉，再画，再擦掉，反复数次，直到画纸上出现一条稳定的、连续的线条。所以这个线条代表了作画者练习出来的、浮于表面的自信，而不是其真正具有的特质。通过观察作画者作画的过程，我们便可以发现这一点。

## 作画过程中的其他状况

一种情况是犹豫很久，无法下笔。作画者在作画的过程中，迟迟无法动笔，而是思考很久。如果是在大家一起作画的情境中，这类人可能会先观察他人的行动，并模仿他人的做法。这种作画者可能具有以下特点：（1）缺乏主见，缺乏独立性，很难做出自己的决定；（2）有较高的从众性和受暗示性，不愿与众不同；（3）不敢表达自己的独特性。

还有一种情况是扔掉第一张画。作画者有可能先画一幅图画，但很快就把第一幅画揉成一团扔掉，或者把它撕碎，然后索要一张新纸重新开始画。这里也存在多种可能性：（1）作画者被第一张画的内容吓坏了，不敢面对真实的画面；（2）作画者追求完美，对自己画的第一张画非常不满意，因此用非常激烈的方式做出抛弃和嫌弃的动作，这时候被扔掉的图画代表作画者无法接受的自我的一部分，所以他似乎想把自己身上不完美的部分抛弃掉。

在作画的过程中，作画者使用橡皮进行修改是正常现象。但是有一些作画者对已经画出的部分不满意时不是用橡皮擦掉，而是直接用笔涂掉，并且在这张有涂痕的纸上继续作画。这代表了作画者不怕犯错误，有勇气在做错的地方重新开始，但也可能代表了作画者性格中不关注细节的特点。

有一些作画者，在作画的过程中反复涂擦，整张纸充满了涂擦的痕迹。我见过有些作画者甚至将纸张都快要擦破了。这里面包含的心理学意义包括但不限于以下三点：（1）作画者谨小慎微，犹豫不决；（2）作画者害怕犯错误，或者难以容忍不完美；（3）作画者对自我不满意。

在画完图画后的回答问题部分，如果作画者完全回答不出来，或者不予回答，或者以极简单的字、词回答，其可能具有以下特点：（1）防御，不愿意过多地暴露自己；（2）阻抗，对作画活动充满了不情愿；（3）在认知上存在障碍或困难，难以想出答案，或者不知道如何回答。

**成长·操作**

在学习完对树木图作画过程的解读后，你会如何解读自己画树木图的过程呢？在作画过程中反映出的特点，是否与你平时的做事风格一致呢？请把你的解读和反思写在图画的背面。

# 18 解读树木图的四大基本原则

本章对整个第二模块的 10 章进行总结，梳理树木图解读的重点，整理出解读树木图的四大基本原则。

## 解读图画的基本原则

在分析树木图时，我们应遵循以下四大基本原则。

第一个原则为既要关注图画的整体，也要关注其局部。

图画的整体包括：对图画的整体印象，图画整体表达的准确性、完整性，画面的大小，笔触的深浅和力度，是否有阴影，线条的方向和特点，树在纸张上所处的位置等。

图画的局部是指树根、树干、树冠和枝叶的特点，各部分细节的特点，所处环境及特征，作画过程中的涂擦痕迹等。

第二个原则为既要关注图画的结构，也要关注其内容。

图画的结构包括：画面的构图是否具有对称性，画面是怎样被构造出来的，作画者的视角是平视、仰视还是俯视，树木各部分的比例是否匀称等。

图画的内容是指画了什么类型的树，画面上有些什么元素，是否有附属物，附属物的内容是什么，作画者是如何对其进行描述的。

**第三个原则为同时关注静态和动态。**

静态是指作画者已经完成的图画作品，它是被凝固的画面，是可以被反复观察和反思的客体。

动态是指作画过程，如作画用时多久，在作画的过程中是否有涂擦，是否有额外动作，作画者的情绪是怎样的及其在作画过程中是否有变化等。

**第四个原则为同时关注一般性的分析和个人化的解读。**

一般性的分析是规律性的、具有普适性的解读。

个人化的解读是指作画者对于自己图画的个性化的解读。艺术是非常私人的事情，所有的图画都承载着作画者的个人经验和个人成长史。离开了作画者本人的解读，图画很容易成为其他人投射自己个人情感和故事的客体。此外，我在前面的章节中曾阐述过，解读图画具有跨文化的差异。我们在解读中国人的图画时，要注意中国文化背景的独特性：一是有些来自国外的图画分析指标不适合中国人；二是有些解读内容具有地区差异。前面在讲述树的品种时，我曾提到南方和北方、东部和西部的人可能会画不同品种的树。所以，作画者本人的解读就显得格外重要。

把上述这些部分全部综合起来，才是解读图画的正确方法。尽管在本书中我对各部分逐一进行了介绍，但这只是为了学习方便而做的分解和妥协。对图画的分析应该是整体性的，不能是支离破碎的，更不能断章取义。

## 如何解释相互矛盾的信息

有时候，对图画不同部分的解读会得到相互矛盾的信息，此时便要听取作画者对图画的描述。只有将所有的信息综合考虑，一些看上去相互矛盾的信息才能得以解释。以图 18-1 为例。从树的位置来分析，树的位置偏右，所以作画者应该是未来取向的。但是，她画的又是柳树。按照之前所

讲的内容，柳树有一层含义就是代表作画
者的能量向下流动，关注过去，属于怀旧
型者。要整合这两个相互矛盾的信息，就
需要听一听作画者自己的理解。

　　作画者表示，这是一棵柳树，它本来
生长在高速公路旁，由于干旱和来往车辆
扬起的沙尘，它已经失去生机。现在，它
被移植到了河边，周围青草依依，小河流
水，且生长的季节为春天。

　　结合她个人所讲到的正准备更换工作
的信息，我们可以了解到，她对未来有一

图 18-1

个积极的期盼，把希望寄托在未来，希望更换工作后自己能够远离之前受
到束缚的、干涸而缺乏滋养的环境，能够在未来的单位中得到充分的滋养，
拥有更纯净的人际环境，更有利于自己的发展。

　　这幅图画反映了作画者当下正面临的生活事件。她的人格特征也偏女
性气质，她希望自己有温婉、温和、柔美的个性。她在本质上可能仍然是
一个恋旧的人，但在当下的环境中，她把希望寄托在环境的改变上，寄托
在未来上。

　　如果再结合动态的方面，即观察她作画的过程，我们会发现，河流是
最后才画上去的，所以那个滋养的部分是她的渴望，是她对未来的一个愿
望，而非现实存在。

## 解读的过程是互动的过程

　　这是指对他人的图画不做强加的、野蛮的、主观武断的分析。如同我

们之前提到的基本原则：善行、不伤害、关怀和尊重隐私。我们可以对他人的图画带有好奇心，但任何一幅图画作品都可能具有多层象征含义，所以各种解读都可能是正确的，或者是有意义的。因此，没有唯一正确的答案，更没有必要把自己认为正确的解读强加到他人身上。

在本书中，我多次强调，不要对他人的图画进行野蛮分析，作画者自己的解读更重要。对图画的解读其实应该建立在心理咨询专业技术之上，解读他人图画的过程应该是一个双方互动的过程，是借助图画这个媒介更深入地了解对方的过程。

## 分清自我和他人的边界

我发现有些人具有一种倾向，就是希望他人来分析自己的图画，而且对他人的任何分析都不加分辨地全部接受。这些分析有可能还会引起作画者个人情绪上的一些波动，好像他人说的都对，他真的就是他人说的那样。所以，在此我有一个提醒：建立清晰的人际边界。即使邀请他人对自己的图画进行解读和分析，也应该在内心设定一个边界，把握一定的分寸，分清楚哪些是他人的，哪些是自己的，而非全盘接受他人的解读并以此作为定义自己的标签。在分清自我和他人的边界后，我们会具有更稳定的情绪，拥有更清晰的身份感。清晰的边界可以让我们以更恰当的方式保护自己。

## 发展自我反思能力

树木图是一个很好的工具，我们可以借助它来了解自己，或者帮自己找到一些问题的答案，在这个过程中，我们要运用自我反思的能力。画出图画本身并不能自动完成自我探索的过程。反思是一盏探照灯，帮助我们穿越迷雾，透过图画看到本质，接收到图画所传递的信息，理解画出的图画与自己当下的生活事件、情绪、感受之间有怎样的联系。在依恋理论的发展中，学者们发现，依恋模式具有代际传递的特点，换言之，不安全依恋型的孩子长大成人后，很容易养育出不安全依恋型的孩子。打断这个代际传递链条的就是反思能力。如果一个孩子具有反思能力，且他长大后决定不成为像父母那样的人，那他就有可能学习新的育儿方式，其养育的孩子就有可能发展出安全型依恋。反思能力在各个方面都具有重要性。

## 从单幅图画中获得的信息是有限的

我还想提醒大家一点：从单幅图画中获得的信息是有限的。这种有限性我们至少可以从以下两个方面理解。第一，如同我在前文曾提到的，每个人投射在树木图中的人格特质是不均匀的，有些人的图画能够鲜明地反映出其人格特质及在其生活中发生的当下最主要的事件，而有些人的图画反映出的信息则非常少，能够读取到的信息也非常少。

第二，我们从一幅图画中得到的信息是有限的。在实际操作中我发现，作画者画出的第一幅画，由于受其情绪、周围的情境等影响，会出现各种情况。对有些人来说，第一幅图画是防御性的图画，第二幅图画才是真实的图画。对有些人来说，第一幅图画是其力图表现出来的理想自我，是其愿意展示给他人的那部分，第二幅图画是其发现自己理想的自我无法实现后画出的具有补偿性的图画。这时，只有综合两幅画，才可能了解作画者完整而真实的状态。对有些人来说，有时候仅仅有两幅图画还不够，还需要画出更多的图画。例如，作画者可能比较紧张，或者是慢热型的人，或者其防御意识比较强，对此，比较可靠的方法是通过作画者在同一时期的数幅图画，观察其稳定的人格特征。我在第 1 章中曾提到，心理魔法壶主题图画会让作画者连续画六幅图，这样画出的图画内容会更好地反映个体的心理特征。但即使是六幅图，也只能了解人们在应对压力时的模式，而无法解读出其全部的人格特点。我们在应用树木图这个工具的时候，要知道其局限性。

**成长·操作**

请尝试用本章讲到的四大基本原则回顾你之前对自己图画的解读，看是否有遗漏之处。也请就自我和他人的边界写出你的反思。

# 通过树木图实现自我成长

# 19 利用树木图找到自己的成长议题

第三模块是对之前内容的深化。第一个模块的重点是从基础和理论的角度阐述树木图，第二个模块是从局部阐述对树木图的解读，而从第三个模块开始，我们将学习如何从整体上理解树木图，并用树木图帮助自己实现自我成长。

在本章中，我以一幅画为例，向大家展示如何利用树木图寻找自己的成长议题。

## 根据基本原则解读图画

我们可以运用第 18 章讲到的分析图画的四个原则对图 19-1[①]进行解读，即同时关注整体和局

图 19-1

---

① 摘自严文华所著《心理画外音（修订版）》一书的相关章节，该书由上海世纪出版股份有限公司发行中心（上海锦绣文章）出版。

123

部、结构和内容、一般性的分析和个人化的解读、静态和动态。

### 图画的整体和局部

从整体上看，这幅图画让人觉得充满了生机。从构图来看，作画者具有较强的表达能力。整个画面是完整而一体的。从画面的大小来看，整个画面被画满了，而且树冠扑出纸面，但整体构图疏落有致，不会让人觉得树画得过大。树在纸张中基本处于核心位置，略有些偏右。用笔的力度比较适中。在树干上和池塘里出现了阴影：树干上有六七处阴影；经过仔细辨认，池塘里的阴影是作画者画错后又涂掉的。

在线条的方向及其特点方面，有直线条，也有曲线条，有长线条，也有短线条，呈现出较多的变化，可以看出作画者运用线条非常自如。在画边框的直线条时，作画者可能借助了尺子。

以上是对这幅图画的整体观察，接下来我们再看局部。

图上有树干、树冠和树枝部分，树根则没有出现。树干呈 Y 形，树冠为开放型，树叶亦为大叶。图上有附属物，并且附属物的内容和品种都非常丰富。在所处环境及特征方面，树木生长在一个近水的地方，树边就是池塘。树的四周生机盎然。

### 图画的结构和内容

从画面的构图中，我们可以看到树干居于画面偏右的位置，但树冠占据了画面的上半部分。作画者对叶子的描画比较细致。树枝的构图具有一定的对称性，但整个树冠更倾向于左边。作画者的视角应该是平视，这是最常见的一种视角。从树木各部分的比例上来看，树木的各个部分相对均匀和合适。

我们再来看图画的内容。从树的类型上看，这是一棵结了各种果实的树，果实有大有小。

画面上除了树之外，还有丰富的附属物：小草，花，池塘。这幅图画最大的特点是画面上有多种动物：树洞里有一只兔子；树干上有一只熊；树枝上有一个鸟巢；鸟巢里有五只小鸟，鸟爸爸和鸟妈妈在衔虫喂养小鸟；树下的池塘里有跃出水面的小鱼；地上有蜗牛在爬行；草丛间有蝴蝶在飞舞。

### 对图画的一般性的分析和个人化的解读

图 19-1 的作画者是一名 16 岁的高二学生。作画者对自己这幅图画的描述为：这是一棵夏天的树，非常温馨，小动物们非常喜欢这棵树。树名为"乐巢树"。

### 对图画的静态和动态方面的解读

这幅图画没有更多动态部分的信息。由于当时是集体作画，所以并未观察到作画过程的信息。画面上未见橡皮的涂擦痕迹，只观察到用铅笔把画错的地方直接涂黑了。不清楚树干上的阴影是一开始画的，还是后来添加的；画错的地方没有用橡皮擦掉，是否由于作画者没有拿到橡皮。如此等等，不一而足。

## 从观察到的信息中解读图画

接下来我们整合所有观察到的信息，并且结合前面所学的知识对这幅图画做出解读。作画者在本能领域、情感领域和精神领域的发展比较均衡，但对情感的体验非常细腻，所以其情感需求会比较多、比较高。在成长过程中，作画者受到父亲或父辈人物的影响比较大。作画者是一个比较自信的人，对自我的评价比较高。做事情时，其既有总体的布局和计划，也会关注细节，是一个能够同时把握大局和关注细节的人。从被涂掉的画错的部分来看，她也很有勇气，能够容忍或接受自己不完美的部分。

整幅画给人的感觉非常温馨，显示出强烈的生命气息以及各部分和谐友好地相处的关系。在人际关系方面，作画者试图在自己的世界里建立一种和睦的关系，各种动物不论大小，都能友好地共生共存。可以想象，在现实生活中，作画者也会用心与周围的人建构一种和睦的人际关系，因此，作画者给他人的感觉是温暖而值得信赖的。

在说完整体的感觉后，我们看一下图画中的细节透露出来的信息。我们讲过，树干可以分为三部分，最下方的是从树根到树干的过渡区域，是与黑暗、原始、神秘情绪联结的位置，在这个位置上，作画者画了一个树洞，树洞里面有一只兔子，这代表了作画者最原始的一个情结：在母亲的子宫里待着不出来，与母亲保持共生，合二为一。树干的第二部分是中间部分，记录的有可能是不被社会所接纳的情绪和感受，常和负面情绪有关，如愤怒、嫉妒、报复等。作画者在这个部分涂了阴影。树干的第三部分是和树冠相连接的部分，记录的是被社会容纳的情绪和感受，如高兴、喜欢、希望等。在这个部分，作画者也涂了阴影。因为没有与作画者进行充分沟通，所以我们不知道这些阴影对作画者而言是否具有创伤的含义，但从画面整体的信息来看，阴影应该与作画者感受到的情绪有关。

## 读出最主要的成长议题

在基础解读之后，我们可以抽取出作画者最主要的个人成长议题，这需要运用心理学的基本理论、概念和框架。对这位作画者而言，她最主要的成长议题是依恋和独立。

我们在前文中说过，这位作画者的主题是人际关系，而在其画作里，该关系主要指向家庭关系。画中有很多依恋的细节：小鸟依恋着鸟爸爸和鸟妈妈，小熊像抱着妈妈一样抱着树干，小兔子依恋着子宫一样的树洞，小鱼依恋着水，蜗牛依恋着自己的壳。最重要的一点是：所有的动物都依靠着树的滋养。这是作画者深层次需要的反映：她依恋着家庭。依恋这个主题在图画中重复出现，有可能是作画者觉得仅仅画出一个细节不容易被理解到，也有可能这个主题对作画者而言太重要了，她需要用更多的笔墨和空间对其反复予以强调，以让其重要性得到彰显。

有一个细节需要注意：作画者给这幅画的四周画了框，画上这个框让她感觉更舒服。这表明她在现实生活中非常注重安全感和稳定感，可能她在现实生活中安全感不足，也可能她需要的安全感比别人更高。

考虑到作画者的年龄，可能再过一年她就要离开家庭，步入自己的大学生活了。分离对她来说可能会特别困难，因为她还紧紧地依附在家庭中。这种依附可能是行为层面的，如在生活起居方面需要父母的照顾；也可能是情感层面的，如需要父母帮她排忧解难；还可能两者并存，即其依赖是全方位的。由于过度依赖和依恋，她更难与家庭分离。从这个意义上说，她的成长议题是依恋与独立，即如何在依恋中保持既亲密又独立的关系。当然，对她来说，她有时间面对和解决这个议题。

**成长·操作**

在本章中，我们以一幅画为例，展示了如何利用树木图寻找自己的成长议题。你也可以按照四大基本原则，尝试对自己的图画进行解读，找到自己最主要的成长议题，并把它写在图画本上。你在自己的图画中找到的成长议题是什么？

# 20 从树木图中看到自己的资源

本章呈现一个根据基本原则解读图画的实例，重点介绍如何通过树木图看到自己的发展资源，同时澄清大家对内外向性格的一些误解。

## 根据基本原则解读图画

前文提到的解读图画的四大原则是同时关注整体和局部、结构和内容、一般性的分析和个人化的解读、静态和动态。请看图 20-1。

### 图画的整体和局部

这幅画虽然整体而言比较简单，但仍然能够表达出作画者的一些感受。画面呈现得不是很完整，山丘的部分似乎尚未完成。画面比较小，尤其是其中的树，只占了画面不到十分之一的面积，且在画面中处于偏上的位置。整个图画是用铅笔和水彩笔完成的。因为用到了水彩笔，笔触不是特别明显，但能看得出树的部分的笔触是画面中最用力的。也因为用水彩笔作画，所以没有看

图 20-1

到明显的阴影，树干和树冠全被涂了颜色。树的部分线条具有连续性，但在画山丘的时候笔触是断续而飘忽的。通过仔细观察图画，我们发现，在画树和山丘的时候，作画者是先用铅笔画了草稿，勾勒了轮廓，然后再用彩笔描画。

以上是整体的部分，接下来我们再看局部。

画面上的树是比较典型的松树，有 T 字形的树冠，但树干不直，向右倾斜。画中也有附属物，即山丘，而且山丘所占的面积比树大很多。树生长在山丘上面，且只有一棵树，给人的感觉是比较孤单。画面没有明显的涂擦痕迹。

### 图画的结构和内容

画面的构图非常简单，给人一种单调的感觉。构图中，树木具有对称性，与现实生活中松树具有对称性的特点一致。作画者的视角基本属于平视。虽然树的整体占比较小，但就树本身各部分的比例而言，树干和树冠的比例是协调的。

图画的内容比较简单。作画者画的是松树，且画面上只有树和山丘。

### 对图画的一般性的分析和个人化的解读

作画者是一位 30 岁的男性。他在描述自己的图画时说："这是一棵松树，它生长在一座小山的顶上，除了松树，只有光秃秃的小山了。现在是冬季。尽管这棵树长得笔直，却十分孤独，希望人们能够把这座荒山进行绿化，让这棵树有自己的同伴，有自己的爱人。我给这幅画取名'坚强的孤单树'。"

### 图画的静态和动态方面的解读

作画者画这幅画用时 9 分钟，在动笔之前他有一些迟疑和犹豫，动笔之后就比较快速地完成了这幅画。他先用铅笔打了草稿，然后再用水彩笔把其中一部分线条描出来。其作画顺序为：先画了山丘上面的一条弧线，然后画树，之后再画山丘下面的一些线条。

## 从树木图中看到作画者的发展资源

通过观察图画，我对作画者形成的最深的印象是：作画者最主要的特点为孤单和内向。这可以从画面和作画者自己的描述中得到双重的验证。树木孤零零地长在山丘上，除了山丘之外，画面上没有其他任何附属物，这代表作画者与周围的环境和周围的人交流不多。

作画者的能量水平不高，这一点从画面上的季节处于冬季就可以看出。

作画者从环境中得到的情感滋养也不多，从树的生长地点、季节、构图中可以了解到这一点。

这幅图的画面本来就很简单，但仍有一些地方处于未完成状态，如山丘的部分。这可能代表作画者做事不够仔细，也可能代表作画者与大地的联结不够稳固，与母亲或女性关系的部分没有建构好，因而缺乏内在的稳定感。微微向右倾的树干，有可能代表作画者感受到来自女性的压力，或者不太擅长处理与女性的关系。从作画者对树的仔细描画中可以看出，他具有仔细做事的能力，因此潦草画出山丘的原因更有可能是后者。

但是，作画者身上仍然有积极的方面。这主要是指作画者画了冬天的松树。画松树的人通常较有进取心和雄心壮志，追求自我价值，但如果过度，则表现出的就可能是野心，或者是好高骛远的幻想，或者是攻击性、对环境的敌意等。画松树的人会感受到来自环境的压力，他们更有可能感受到环境的艰险，其生长过程可能充满了艰难。面对来自现实的压力，画松树的人通常带有强烈的要达成目标的动机，其性格中有倔强、顽强的一面。他们可能会更拼命，倾向于付出更多的努力。画松树的人具有踏实性，相信依靠自己的努力能够获得成功。这个作画者就具有这样的坚韧性，他用了"笔直"一词来形容这棵树，其实也象征着其个性中的坚强和韧性。

这幅画虽然简单，但作画者在画松树时比较认真和仔细，体现了他对自我比较看重。而且，树干和树冠的结构也比较合理，这部分代表作画者具有一定的自我意识。再加之这棵树基本处在画面的中心，展现了作画者具有一定的自信。另外，松树被画在山顶，尽管山不高，但也代表了作画者不断向上奋进的决心和信心。选择把树画在山顶和选择把树画在平原是不一样的，画在山顶体现了作画者对自己的要求。

另外，这个作画者有改变现状的愿望，他提到希望自己有同伴，包括爱人，这表明他愿意与他人交往，愿意谈恋爱和结婚。尽管仅仅有愿望还不够，但愿望是改变的基本动力，如果连改变的愿望都没有，改变就更无从谈起了。

## 性格内向和外向者各自的资源

当我们提到一个人的性格是内向或外向的时候，很多人可能觉得性格外向更好。确实，在我们的社会中，许多人都会有"性格外向会更好"这样的既有观点。曾经有父母带孩子前来咨询，其咨询目标就是把孩子的性格从内向变成外向。但其实性格无论内向还是外向，都是我们自己独特的资源。

我们先来看一下内向和外向性格者的区别。借用美国心理学博士玛蒂·奥尔森·莱妮（Marti Olsen Laney，2008，P3–7）的观点，内向和外向的区别主要有三个方面。第一个区别是精力的来源及其恢复方式。内向性格者从自己的内在世界、思想、情绪和观念中获得精力，他们的能量恢复方式就像充电电池，当电用完了，他们就需要停下来休息和充电，而面对外界刺激的时候，他们就需要消耗自己的能量和精力。但对外向性格者而言，其精力来源是外部世界，他们从社交活动、与他人交往中获得精力，所以，在外部世界四处活动对他们来说就像太阳能电池板持续获得太阳的照耀，持续处于获得能量的状态中。如果让他们独处或沉思，就如同让他们生活在乌云之下，他们的充电来源就被切断了。

第二个区别是对刺激的反应。性格内向者更喜欢经由自己的体验对事物进行了解，他们拥有很多内心活动，从外部世界进入其大脑的任何事物都会使他们的紧张水平迅速升高。对他们而言，仅仅是处于人群中，就会让他们感到刺激太多。性格外向者则喜欢体验大量的外部刺激，如果没有这样的外部刺激，他们就会显得无精打采，觉得生活枯燥无聊。

第三个区别是对待知识和经验的方式，这包含宽度和深度两个方面。总体而言，性格内向者喜欢的事情较有深度，他们限制从外部进入的经验，当刺激太多时，他们就会关闭自己的通道，但对每一种经验都体验较深。例如，虽然性格内向者朋友不多，但他们与这些朋友的关系都很密切；他们感兴趣的方面不多，但对每一个自己感兴趣的方面都钻研得比较深。而性格外向者喜欢的事情通常比较具有宽度，他们对任何事物都知晓一点，是通晓很多方面知识的人，生活就是积累经验，他们想抓住生活中的所有刺激，多样性是其刺激和精力的源泉。

莱妮博士（2008）特别强调，性格外向者并不一定比性格内向者擅长交际，或者更活泼。性格内向者也可能喜欢与他人交往，只是他们的交往方式可能与外向者不同，如他们更喜欢一对一的私下交流。性格内向者并非不健谈，只是他们通常是先想好了再说，而性格外向者可以边想边说。由于精神分析理论的创始人弗洛伊德把内向用作消极的概念，指离开外界而指向内部，使"内向"这一概念由健康转为了不健康，这种错误的观念影响至今。莱妮博士说，性格内向和外向都只是人格中的一种特征，它不能被改变，但人们可以学着利用它，而非对抗它。

我还想澄清的是，内向和孤独感之间并不具有必然的联系，并不是内向性格者会有孤独感，外向性格者就没有。图 20-1 的作画者所感受到的孤独感与其内向的性格之间并不具有必然的联系，而是因为他离群索居导致的。外向性格者也会感到孤独，在同样的条件下，外向性格者比内向性格者更容易感受到孤独。

还有一点，大家已经清楚，性格内向和外向并非只有两个点，而是一个连续谱的两端。在荣格看来，处于内向和外向连续谱上的任何位置，都是健康的。个人成长的目标是达到完整，完整并不意味着拥有一切，而是通过了解和悦纳自己的缺点，达到心境的平和。在性格内外向方面，人们也是处于不断变化和发展中的，随着年龄的增长，人们可能会从内向或外向的一端向中间靠拢。人们不可能把自己改造成另外一种性格的人，但至少我们可以了解自己性格的长处，同时拥有一定的灵活性，理解对方的个性是怎样推动他们去做和我们不一样的事情，从而更好地与其相处。

所以，不论性格是内向还是外向，你都有自己的资源，关键是你要了解它的特点，以便更好地运用它。

### 画一棵反映自己性格内外倾向的树

**成长·操作**

你的性格属于内向、外向还是混合型？你会如何发挥自己的性格优势呢？你可以通过画树木图来探索这一点。指导语如下：请画一棵内向的树 / 请画一棵外向的树 / 请画一棵内外向兼有的树。这个指导语的意图并不是请你画三棵树，而是有选择地画一棵树。如果你是一个内向的人，请画一棵外向的树；如果你是一个外向的人，就请画一棵内向的树。如果你是一个内外向混合型的人，你可以自由选

择画一棵树，或者可以决定画一棵内外向混合型的树。画完之后，仍

然可以回答第 2 章所给出的问题，以进行自我探索。通过这样的练习，

你对自己内外向的优势可能会有更清晰的认识。

# 21 细观心中的自卑，成为更自信的你

自卑和超越是人类普遍的命题。本章将简述我们如何从树木图中观察到自卑的线索，又如何通过树木图更好地理解和面对自卑。

## 理解自卑

研究自卑最有名的学者，当属阿尔弗雷德·阿德勒（Alfred Adler）。阿德勒于 1870 年出生在奥地利的维也纳，曾经是弗洛伊德的密友。他于 1910 年担任著名的维也纳心理分析协会的第二任主席，创立了个体心理学，并且声名卓著。虽然看起来很优秀，他却一直深受自卑的折磨。阿德勒从小身体就不好，因患有软骨病而导致有点驼背，而他的哥哥却相貌英俊、身材挺拔，所以他从小就感到自惭形秽。5 岁时他患了肺炎，那时候肺炎还是一种非常危险的疾病，医生认为他会死于肺炎，后来他却奇迹般地康复了。读中学时，他的学习成绩不好，数学成绩尤其差，老师建议他成为一名做鞋子的工人。但是，后来他却获得了医学博士学位。可以说，阿德勒一生中饱受自卑的折磨，同时又在不断地超越自卑。他以自己和自己的亲身经历为范本，提出"自卑"的概念：因具有生理上的缺陷或者在面对现实社会和生活中的不完满和不理想时产生的感受。

很多人认为自卑是不好的。阿德勒则从两个层面来看待自卑。一方面，

自卑是人类进步的原因，人类的全部文化都是以自卑感为基础的：由于在大自然面前人类显得十分弱小，所以需要相互合作，不断奋斗，不断前进。但另一方面，自卑又限制了个人的发展，使有些人沉浸在自己的问题中无法自拔。

很多人给自己或他人贴上自卑或自信的标签："他是一个自卑的人"或者"他是一个自信的人"。在阿德勒看来，自卑是一个动态的、发展性的概念，所有的人或多或少都有过自卑感。因为在成长的过程中，处于婴幼儿期的个体不得不依附于他人，这就会带来自卑感。随着个体的成长，有人会克服自己的自卑感，而有人则会沉湎其中。

阿德勒独特的贡献在于研究了出生顺序对人们个性及自卑心理的影响。他指出，即使在同一个家庭中，因为出生顺序不同，不同的孩子也会处于不完全相同的情境中。通常，第一个孩子都经历过一段独生子唯我独尊的时光，而第二个孩子的出生使他必须和另外一个对手分享父母的关怀。针对这种改变，如果父母处理不当，会给第一个孩子留下重大的影响，让其产生巨大的丧失感和自卑感。第一个孩子可能会发展出争夺权力的行为及对权力的欲望，也可能发展出无法与他人合作的特征，或者发展出怀旧、回顾过去的特征。当然，如果父母处理得当，也可能促使第一个孩子发展出合作、保护他人、帮助他人的特征和善于组织的才能。而第二个孩子则时时处于竞争之中，因为他前面一直有一个遥遥领先的竞争者，所以第二个孩子很容易发展出自卑感。而家里最小的孩子有可能是最受宠爱者，所以他们的发展最常见的结果是要么成为征服者，要么成为失败者。

## 从树木图中看出自卑的线索

在解读树木图时，我们可以从两个层面看自卑的线索：一是从图画层面，二是从画图的行为层面。

图画层面的线索包括：

（1）画面特别小或比较小；

（2）树木小且缩在某个角落，仿佛要避免成为众人的焦点；

（3）笔触轻甚或特别轻。

作画者完成画作后对图画的描述和行为层面的线索包括：

（1）对自己的画技不满意；

（2）对画好的图画内容不满意；

（3）不好意思把图画拿给他人看；

（4）觉得他人比自己画得好。

我在这里呈现了三幅图画，三幅画的画面都比较小，图 21-1 和图 21-2 中所画树木的笔触比较轻，图 21-3 中所画的树木则缩在画面的一个角落里。这三棵树的共同特点是在移植之后难以适应新环境。图 21-3 的作画者特别提到："这棵树是被移植过来的，为了存活，这棵树的主干和枝叶都已经被

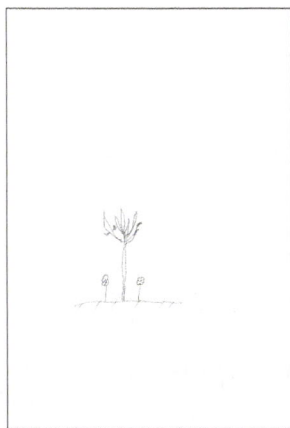

图 21-1

图 21-2

图 21-3

砍掉。即使这样，这棵树存活的概率也不大。"可以看到，作画者是在用树的经历比喻自己的经历和感受，在现实生活中，他刚刚换了工作，工作内容和环境发生了很大的变化，他觉得自己被迫做出很多牺牲以适应新环境，但即便如此，他仍然可能无法在新环境中生存下去。

但我也想提醒读者，并非只有画面小的作画者才会有自卑感。在作画的现场我们可以看到，有些对自己的图画不满意的人其实画得很好，所以并不是由于他们画得不够好才产生对自己的不满，而是他们固有的观念使然：自己什么事情都做不好，包括作画这件事情。我们可能会注意到，比较自卑的人会这样说："我一向都画不好，我从来都不擅长画画，我什么都画不好。"但比较自信的人会这样说："今天这幅画我没有画好。"区别在于，前者是泛化的、普遍化的，把"画不好"这件事情推广到更多的事情上，推广到更长的时间维度里。按这种说法，这个作画者在作画这件事情上没有任何可改进和提高的空间。而后者限定了具体的时间和范围，只限于今天，只限于这幅画，就事论事，并没有涉及其他的画，也没有拓展到更长的时间段里，可能下一幅画他就会画得更好，或者明天会画得更好，他并没有否定自己在作画方面的发展潜力和可能性。

## 面对自卑

自卑其实是一个非常大的命题，很难在一章的篇幅里对其进行深入的探讨，所以我只提供一些简略的方法供大家参考。

对于画面非常小的人来说，他们需要增强自己的存在感和独立性。非常自卑的人画的树都很小，似乎它不敢从大地中吸收更多的养分，不敢与环境有更多的互动，仿佛要把自己的存在缩到最小的空间中，不敢长得高大挺拔，不敢自由地伸展自己的枝叶。所以，不论实际年龄多大，他们画的树都一直处于小树的状态，这样就无须承担一棵大树要承担的责任。

作画笔触比较轻的人需要敢于做决定、果断地做决定。作画笔触轻的人在现实生活中的表现是不敢做决定，希望把做决定的时间往后拖延，或者希望他人替他们做决定，这样就可以由他人来承担做错决定的责任，哪怕做错决定的结果仍由自己承担，但责任不在自己，所以自己可以更加心安理得。

前面呈现的图 21-1、图 21-2 和图 21-3，其作画者都是由于环境的改变导致其有严重的自卑感的。可能他们本来就有自卑情结，只是在新的环境中这个情结被激活，从而加重了他们的自卑感；也可能在原先的环境中，他们较为自信，但对于环境的改变非常敏感，在新环境中有些不知所措。不论是哪种情况，他们可能都需要给自己一定的时间来适应新环境；其他人可能需要两三个月就可以适应新环境，而他们则需要更长的时间。如果他们的性格又属于内向型，他们有可能需要更多的时间来观察周围的环境，以确认周围环境的安全性。只有确定周围环境是安全的，他们才会有安心感。

对那些用夸大的、浮夸的方式来表达自卑的人而言，需要面对真实的自我，并且制定现实的目标。真实的自我可能不像夸大的自我那么伟岸、高大，但它植根于大地，可以使自己获得源源不断的力量，而夸大、浮夸、虚假的自我则如同漂浮在空中一般，由于无法扎根大地，自然也无法获得来自大地的滋养。夸大自我的人往往把目标制定得过高，所以他们永远有达不到目标的理由，而且可以永远不付诸行动。所以，他们需要制定现实的、可以实现的目标。

对于用示弱来表达自卑的人，阿德勒称之为用水性力量控制他人的人。水性力量是指用眼泪和唾沫，也就是用哭泣、抱怨和咒骂来应对这个世界。这些人发现眼泪、抱怨是控制他人的最好手段，"这种力量可以有效地打破合作，进而奴役他人"（阿德勒，2016，P48）。这些人在成长的过程中通常有一个溺爱的母亲和一个漠不关心的父亲。他们成年后也容易情绪抑郁。阿德勒的建议是，让他们承担起作为成人的责任。

对于那些因失败而更加自卑的人来说，可以把目标拆解为更小的、可以马上看到回馈的多个目标，这样，每实现一个小目标，就可以让自己有更踏实的感觉。哪怕目标再小，只要对自己是有意义的，都是恰当的目标。在咨询中，我与某些来访者约定的目标只是几点睡觉、一天吃几次饭。对有些人这根本不是问题，而对有些人来说，这些可以是改变的开始。

有些人拥有正确的方法，但由于目标错误，所以会强迫性地重复自己的既有问题。对这些人而言，改变的方法是重新设立目标。"懒"孩子的目标就是回避失败，所以会用尽各种方法去实现这一目标。阿德勒提到，在学校里，"懒"孩子有一个秘密："可懒惰的孩子从来不知道真正的失败是什么感觉，因为他们从来不曾直面考验。面对困难，他们的第一选择永远都是逃避，他们做事总是拖拖拉拉，不愿意与别人竞争"（阿德勒，2016，P152）。他们还会有一些既得性利益，因为当他们做了一点点事情的时候，别人就会夸奖他们。如果是勤快的孩子做了这些事情，他们就不太可能得到他人的夸奖。所以，"懒"孩子便以这种方式生活在他人的期待里。对这些孩子来说，他们可能需要重新定义什么是失败、什么是成功，从而在动手做事情的时候可以接受"做得不够好"，甚至是失败。

**成长·操作**

你的图画里是否有自卑的线索？即使有也没有关系。自卑是一个动态的过程，超越自卑是一生的功课。请你写下自己对自卑的反思。

# 22 体察完美主义倾向，真诚地拥抱自己

完美主义本身没有错，但当完美主义影响人们的生活和工作质量时，人们便会为此烦恼。在树木图中，哪些线索表明作画者是完美主义者呢？我们又该如何面对完美主义呢？

## 完美主义者的特征

对完美的偏好和追求是人类与生俱来的能力。一岁左右的孩子就开始对顺序、秩序和完整性有自己的要求。还记得我女儿小的时候，每次我递给她水杯，她一定要通过点兵点将的方式决定将水杯放在哪里。如果我等不及她完成这个过程就直接把水杯放在她的小桌上，她不仅不喝水，还会不依不饶地吵闹，为此我还要再花时间安抚她的情绪。那时候，我非常担心她有强迫症，后来查阅了图书和资料，才知道处于她当时那个年龄阶段的孩子经常会有一些仪式化的动作或行为。随着年龄的增长，她就不再有这样的要求了。

人的一生都在追求完美感，完美感的发展大体分为四个层次（訾非，2010，P8-9）。

第一个层次是基本的、感知觉层面的完美。例如，人们会对视觉、听觉、触觉、味觉、嗅觉以及躯体内各种感官信息都存在完美的偏好。在我

们的图画中，这些元素主要体现为有顺序、完整、清洁、对称；在有颜色的图画中，还表现为色彩的丰富多样。

第二个层次是抽象的、思维层面的完美，即对秩序、计划、目标等的完美追求。例如，所有的东西必须在规定的位置上，一旦制订计划，就必须不折不扣地执行，如果有一次没有按计划执行，那就意味着整个计划都失败了。制定的目标必须完美，实现目标的过程也必须完美。

第三个层次是个体层面的完美。个体希望自己所处的社会地位和社会关系是完美的，希望自己拥有完美的人际关系和亲密关系，获得完美的成就和成功。

第四个层次是超个体层面的完美。个体把完美需求指向团队、团体、环境和人类，希望一个团队、一个民族，甚至更大的群体完美和完满，担心这些对象的不完美。

完美动机则有以下四种基本模式。

一是合乎想象，期待现实必须如自己想象般美好，完全符合自己的期望，不能有所不同，不同便意味着没有实现目标，不同便意味着不完美。例如，作画者画出一幅树木图，他人都觉得非常好，但因其与作画者本人的期望不符，作画者就完全否认这幅图画。

二是十全十美，要求样样都好、完整无缺，希望一切都是好的而没有不好的，是完整的而没有破损或缺陷。十全十美的内容可能包括物理形状、计划、秩序、品德、成就关系等。对于要求十全十美的作画者而言，没有橡皮就让他作画简直是一种灾难，因为画面上会留下"不好"的痕迹。

三是追求最佳、最好、杰出、第一、唯一，如果不是第一或最好，那就等于不好、失败、低劣、不值得追求。对有些人来说，第二和第一没有质的差别，但对于完美主义者来说，第二就什么都不是。

四是越来越好，追求进展，希望自己能够越来越好，成就越来越多，生活日新月异、蒸蒸日上；如果自己不能够越来越好，就觉得是倒退、衰退、堕落，所以他们一旦达到一个目标，就给自己制定更高的目标。

## 树木图中的完美主义倾向的线索

在树木图中，我经常会看到，有完美主义倾向的人画图画或回答问题时通常具有以下特征：

（1）画出非常繁复的图案，画面上有多处重复；

（2）画面上所有的图案或大部分图案都是对称的，图案像是从一个模子里刻出来的；

（3）线条具有刻板性，有时候直线甚至像用尺子画出来的一样；

（4）画面特别强调秩序性、有序性和工整性；

（5）对细节非常关注，在刻画细节上会花费很多时间；

（6）作画者可能描述自己已经厌烦对细节的描画，但仍然坚持画出所有的细节。

我们看图 22-1 和图 22-2。图 22-1 最主要的特点有三个：第一，画出每一片树叶，花了很多时间来刻画细节；第二，对称性，树的左右两边具有对称性，树下的花朵也具有对称性；第三，重复性，树叶的图案、草的形状、

图 22-1

花的形状分别都一模一样，缺乏变化。图 22-2 最主要的特点为：第一，线条的刻板性，树上的花像用一个模子刻出来的，大小、形状、力度和笔触都非常接近；第二，强调对线条的控制，对树的描画，所有的线条都非常精准；第

图 22-2

三，完美和不完美有强烈的冲突，虽然树画得非常精细，但附属物的笔触却有些随意，甚至有些漫不经心，椅子甚至尚未完成，体现了作画者在追求完美的过程中产生了厌烦感，故而中途放弃。

## 面对完美主义

我们的文化在催生完美主义者，苛刻的父母、统一的标准答案、严格要求的老师、高标准的上司等都是催化完美主义者的推手。有些职业也在强化完美主义，如教师、会计、审计等职业或行业。

追求完美本身并无任何不当之处，但发展成为完美主义，就需要引起警惕了。有学者把完美主义者区分为积极完美主义者和消极完美主义者。积极完美主义者是指健康地追寻优秀，并在努力达到高标准的过程中体验到快乐的人。消极完美主义者是指把个人标准定得高于自己的能力，强迫自己不断向不可能实现的目标努力，用数量来衡量自己价值的人。

消极完美主义者会经受很多挫折：饱受"应该"原则的折磨；为自己树立了很高的、难以实现的目标，又不断被现实与目标之间的差距所挫败，

做事情经常半途而废；如果没能达到预期的目标，就觉得自己失败了；即使达到了预期的目标，也体会不到成功的快乐。缺乏衡量努力和成功的客观标准，自然也没有品味成功的机会。他们有自卑感，对自我的评价较低，难以建立亲密关系，不能接受他人的不完美，更无法容忍他人的批评。

对于如何克服消极的完美主义，针对上文的两位作画者，我给出以下四点建议。

第一，了解自己的完美主义倾向。我们在前文中提到了完美主义的四个层次及四种基本动机，读者可以结合所讲的内容，进一步了解自己的完美主义倾向处于哪个层次，源于哪种或哪几种动机。两位作画者在画面上都呈现出了第一个层次的完美主义，体现了对顺序、完整、清洁、对称的偏好。你可以通过图画看一下自己是否已发展到其他层次的完美主义。另外，在动机方面是关注合乎想象、十全十美，还是追求最佳或越来越好，还是几种动机的叠加。

第二，根据获得的信息，确定自己最担心的是什么：是畏惧失败，害怕听到"不"，害怕被拒绝，还是害怕应对新的情境和尝试新的方法，抑或是害怕失控。完美主义其实是一种以强烈的"不完美焦虑"为特点的认知-情感模式，了解自己焦虑的具体来源很重要。我遇到过很多追求完美的人，他们追求控制感，图 22-2 的作画者就希望自己能够控制每一件事情。

第三，关注努力的过程而非结果。在作画之前，两位作画者可能在心理上预先设定了一个目标。当作画者的完美主义动机为"合乎想象"时，其可能设定了这样的目标：我画出来的画，一定要与我心中所想的一模一样。当作画者的完美主义动机为"十全十美"这一类时，其设定的目标可能如下：我画出来的画一定不能有任何瑕疵。当作画者的完美主义动机是追求"最佳"这一类时，其设定的目标可能为：我画出来的画一定要比其他人的好。当作画者的完美主义动机为"越来越好"这一类时，作画者会设定这样的目标：我画的下一片叶子或下一朵花，要比之前画得更好。不论作画者的完美主义倾向源于哪一种动机，其关注的都是最终的结果，所以完美主义者也经常被称为"不看旅途风景的人"。所以，可以请两位作画者在作画的过程中多一些享受：想画成什么样就画成什么样，不想画那么多细碎的叶子就可以不画，不必强迫自己一片叶子一片叶子地全部画完。

第四，接受自己的不完美。完美主义者的一大特点就是极力回避不完美，但生活中充斥着不完美，所以完美主义者需要发展出一种灵活性，在时间、条件不允许做到完美的情况下，有与不完美妥协的勇气。图22-2的作画者在这一点上已经有所尝试。因为没有观察她的作画过程，所以我不知道她作画的顺序和所用的时间，但我猜测，她花了太多时间画树，当周围的人已经完成以后，她才开始画附属物。但是，她有一定的灵活性：画得不好的附属物，也比不画好。所以她匆匆几笔将附属物勾画出来，附属物的笔触和线条简直像另外一个人所为。这也说明平时在做事情的时候，为了克制自己，她付出了很大的努力，不让自己变得随意。

当然，如果有人已经形成非常顽固的完美主义，并决定与自己的完美主义友好共存，那也是一个选择。这个主动做出的决定也能帮助人们更好地接纳自己。

**成长·操作**

你是完美主义者吗？如果是，就请你画一棵不完美的树，允许自己想怎么画就怎么画。画完之后请回答第2章提出的问题。然后将这幅画与你画的第一幅画进行对比，看一下两幅画有怎样的异同，并把这些异同写在图画的背面。

# 23 识别生命能量的失衡，探索平衡发展之路

平衡是宇宙中最重要的法则之一。树木图可以呈现出生命发展或生命能量不平衡的状态，从而让作画者有机会探索更平衡的发展之路。

## 一边枯死一边有生机的树

请大家观察图 23-1 所呈现的这幅画，你观察到些什么？我观察到两个明显的特点：第一，这棵树生长在斜坡上，所以整个画面看上去有些倾斜，虽然树在向上生长，但因为地平线是斜的，所以给人的感觉是整棵树好像都有点站立不稳；第二，这棵树左右两边非常不平衡，右边的枝叶更为茂盛，而左边只有很少的枝叶，看上去似乎即将枯死。

作画者自己怎样描述这棵树呢？作画者是一名白领女性。她说这是一棵生长在巨大的沼

图 23-1

泽地边上的树。沼泽地在画面的左边，她没有画出来，但一想到这个沼泽地，就会让她非常不舒服，似乎沼泽地随时都可能吞噬这棵树。她目前在两个选择之间举棋不定：是按父母的想法回家乡，还是继续留在目前的城市工作。父母，尤其是母亲，在她毕业时就想让她回老家工作，但她坚持在离家千里之外的城市工作；而父母仍不放弃，一直在敦促她回当地工作。

从对树木图的观察和作画者的描述中，我得到以下信息。一是作画者需要处理与母亲的关系。她所用的象征性语言"巨大的沼泽""吞噬"让我想到母亲对孩子全方位的控制。这不一定是现实的或现在正在发生的，可能是其早年与母亲的关系模式，可能只是其感受中与母亲的关系模式，但这是作画者的心理现实。从她画的树所处的位置来看，与母亲关系的模式是在其早年时形成的。按照心理学家埃里克森（Erikson）的发展阶段理论，婴儿期最基本的危机是基本信任感对不信任感，儿童早期的危机在于自主对羞耻和疑虑，学前期的危机在于主动对内疚感。这个作画者有可能在基本信任和不信任阶段就出现了问题，也就是她与母亲没有发展出基本信任的关系，所以她对整个世界也没有发展出足够的信任。关于埃里克森的发展阶段理论，如果读者感兴趣，可以找资料进一步学习。

二是树的左右两边的生长严重不对称。对这个作画者而言，这种不对称可能具有多层象征含义。首先，整个图画的位置偏右侧，表明她受到父亲或父性长辈的影响非常大。其次，她也想成为具有阳刚力量的人，或者她认为，在这个世界上力量才是最重要的，只有拥有实力的人才能掌控这个世界，所以她拼命生发右侧的枝丫。

与母亲的关系可能是她生命中十分重要的成长议题。图画中不仅树的位置偏向右边，而且树的右边也明显生长得更好，左边则只有很少的枝丫，似乎树左边的成长被抑制了。再结合作画者自己提到的左边不远处有一个巨大的沼泽以及她非常害怕这棵树被沼泽吞噬这种描述，让人有一种她要被母亲的力量吞噬的感觉。她似乎想避开母亲的影响，所以选择了将树画在离左边最远的地方。即便如此，靠近沼泽一方的树仍然受到了影响，枝叶不能繁茂地生长，好像作画者被母亲控制的那部分，受到了母亲严厉的压制一般。

我们在前文中提到过，画纸的左边和右边还代表了过去和现在。这棵树左右两边的不对称也可能代表作画者的早年发展受到了更多的抑制。后来她上了大学，远离父母，或者在远离了母亲之后，其生命的潜能才发展出来，所以有了更加蓬勃的生命力。对于这个作画者而言，可以继续与其澄清这一部分，如果是由于在物理和心理距离上远离了母亲，因而有了更好的发展，那她可以慎重地考虑将来是回到家乡，与父母在同一个城市生活，还是继续在远离他们的地方发展？虽然我们说这位作画者想摆脱母亲的控制并非指空间距离，而是从心理感觉上来讲，但有时候物理距离确实会减少心理上的控制和干扰。

最根本的一点在于，作画者可能还是要处理和解决心理上与母亲的关系这个部分。这里说的母亲，既可能是现实中的母亲，也可能是作画者心理表征上的母亲，即被内化的母亲形象。在作画者能力尚不足够或者时机尚未成熟的时候，与父母保持一定的空间距离不失为一种良策。但从深层次来看，对这个作画者而言，即使保持一定的空间距离，也未必能够让她感到舒服自在。从她所画的树叶来看，她是一个比较感性的人，她的情感非常细腻，她也有很多的情感需要和需求。但是，从她画的地平线和小草中又可以看到，她做事非常简洁，不愿意袒露自己的情感。这种对于情感的高需求和情感的不表达之间，形成一种强烈的冲突，这使她不论离家有多远，内心中依旧存在自我的冲突。

不知道读者是否注意到，这棵树的树干特别粗壮，与树枝和树叶不成比例。呈喇叭形的树干代表了作画者不加区分地把自己本能领域中原始的需要全部吸收到自己现实的层面和情感领域中，有时候，她会被这些原始的欲望和情感需要所压倒，或者借用她自己的话为"被吞噬"。这会使她的情绪处于强烈的不稳定之中，远离母亲和靠近母亲的欲望同时存在，所以她会左右摇摆，会不时地对自我予以否定。这种内在的冲突非常损耗她的心理能量。这棵树好像不得不把自己的生命能量分在两个不同的部分之中，把更多的能量释放在右边，这表示作画者具有十分强烈的内在冲突。另一方面，如果树干如此粗壮，枝叶本可以特别繁茂。但目前这棵树的枝叶却并非如此，可能是树根或者说作画者吸收养分的能力有限，也可能其吸收到的能量被损耗在左右不平衡的冲突之中，也可能固着的早年感受"冻住"了其一部分生命能量。

对这个作画者而言，怎样处理与原生家庭的关系，尤其是与母亲的关系，重新建立对这个世界的信任，是非常重要的议题。她的人生之路可能还要经历谈恋爱、建立亲密关系、为人妻母等阶段，而基本的信任和不信任在其中非常重要。

## 双面树

我们一起看一下图 23-2[①]。看了这幅图画，你的印象是怎样的？我的整体印象是，这位作画者的笔触非常有力，所以我的注意力首先会被画面中被涂黑的树枝吸引。

图 23-2

---

① 摘自严文华所著《心理画外音（修订版）》一书的相关章节，该书由上海世纪出版股份有限公司发行中心（上海锦绣文章）出版。

此外，这幅图画的特别之处在于，左右两边的不平衡：左边的枝叶多一点，右边的枝叶少一点。

作画者 20 岁，是一名大学二年级的女生。她说自己画的是双面树，结的是无名果，而且许多年才结一次果，树生长的季节为深秋。作画时她觉得这很有趣。当被问及为什么这棵树叫双面树时，她解释道："双面树有两种叶子、结两种果，左边的是圆形叶子，结的是梨，右边的是长形叶子，结的是香蕉。"

树在图上的位置偏上，所以这个作画者不是特别看重自己本能的原始的领域。然后叶子又画得较大，所以作画者也属于情感比较敏感的人，她愿意与他人发展出良好的关系，甚至有时候是具有一定依赖性的关系。

从树的大小和用笔的力度来看，作画者是一个比较自信的人。画面中最引人注目的是阴影部分，右边新长出的部分被涂黑了，表明这部分在成长的过程中经历了激烈的冲突。所以长出新的叶子并结出新的果实意味着此时发生了一个巨大的转变，但它成功地实现了这种转型。可能在成长过程中，她遭遇了巨大的生活变化，也可能是在专业领域里她经历了一个非常重要的变化，也可能是她从来没有被发现的天赋得到了展现，还可能是她从来没有意识到的欲望得到了表达。我们可以看到，这种转变已经发生，而且可能还在继续。从作画者的情绪来看，这种转变是一种积极的变化，她对这种转变抱有希望和好奇。这两种叶子和果实对她意味着什么？转变的具体含义是什么？这些可能要与作画者讨论才能清晰。

## 结语

比较图 23-1 和图 23-2 后，我们会发现，尽管两幅画都呈现出不均衡发展的特点，但两个作画者的状态并不相同，所以她们面临的人生议题也不尽相同。第一个作画者要走的路就很长，积极的信号是她已经做出了很多努力，摆脱了母亲的控制，发展出自己生命中新的枝叶。而对于第二个作画者来说，她需要看到两种状况同时存在。将来是两种状态并存，还是重点发展其中的一种，生命能量该如何分配，这些是她需要思考的问题。我需要提醒的是，我的解读是就具体的这两幅画展开的，也许有些内容并不适用于其他的图画，所以不能直接生搬硬套。

**成长·操作**

在你画的树木图中，是否也存在着生命能量不平衡的部分？这种不平衡对你意味着什么？如果你觉得自己的生命能量不平衡，请你画一棵生命能量平衡的树。在画完之后回答之前提到的那些问题。然后，把这棵树与你画的第一棵树进行比较。

## 24　获得人际支持，建立与生命的联结

在本章中，我以一位作画者在连续工作坊中的几幅图画为例，从其图画的变化中来解读其个人的成长。作画者是一位即将毕业的大学生，在毕业前夕，她参加了我的图画工作坊。这里呈现的是她在连续三次工作坊中的图画。

### 被压制的树

我们先看第一幅画，即图24-1。作画者说："这是一棵被大山压住的树，是一棵弱小的树。但它仍在奋斗，我相信它能够获得新生。"

在看到这幅画时你会首先注意到什么？我首先会注意到树的位置和大小。树基本画在纸的中央，不是很大，但也不算小，树形匀称，构造合理，这代表作画者具有一定的自信心，对自我的

图 24-1

评价比较积极。

最为引人注目的是画面上方的山。山被重重地涂上了颜色。三座大山是一个虚指，代表了作画者在当下感受到的各种压力，如找工作的压力、写论文的压力、生活和人际方面的压力等。与树所占的面积相比，这些山所占的面积更大，而且色块的面积也更大，这代表了作画者感受到的压力是巨大而压倒性的。与这些巨大的压力相比，这棵树就显得太弱小，似乎难以承受这些压力。这些山处在画面的上方，代表着这些压力来自"上面"，来自对未来的考虑，是对未来的焦虑。

通过仔细观察树，我们会发现树拥有绿色的树叶，且是被一片一片描画出来的大叶，科赫说："树叶是一种更微妙的果实形态，树叶和果实其实是类似的产物，但叶子先于果实，它们是最主要的装饰、外表，也是蓬勃生机的体现，它们让人认识和赏识，它们是繁殖、生长、发芽的第一个信号。叶子一个接一个成系列出现，在画中的形式可以以从杂乱到刻板的形态呈现"（Koch，1952）。在科赫的书中，他列出了树叶可能代表的28种含义：

> 有观察外界的天赋；活泼；灵巧；视觉的天赋；沉溺于感官的享乐；欣赏戏剧化和表现；原始的，未分化的或不成熟的；判断力会被次要事件和外界所动摇；视野比较狭窄；需要被认可；需要被赏识；对外界有感受；对命运纯真的信仰；来自小镇的；过度狂热；不真实的；生气蓬勃的；少壮的；孩子气的，对世界有着孩子似的看法；纯真的幻想活动；做梦；仰仗成功；不低估自己；眼光锐利；渴求经验；精神勃勃的样子；欢乐。

科赫的解释仅供大家参考。在这幅图画中我们可以看到，作画者画的是大叶树，代表她对这个世界细腻的感受，代表她在情感上的需要。我们还要特别注意作画者画树干的方法。作画者用黑色的笔画出树干，并将其整体涂成黑色。黑色的部分可能象征着能量不够通畅，也可能象征着作画者感受到的绝望和挣扎，似乎只有用黑色，才能够抵挡住像大山一样的压力，在给人一种焦虑感的同时，又让人感受到这棵树的奋斗和不屈不挠。

这幅画中没有出现地平线，画面的下面部分基本是空白的，代表作画者远离自己的本能领域。

## 汲取的树

在第二次工作坊的时候，我做了一些引导活动。作画者可以选择在一张新纸上作画，也可以选择在原图上继续作画。她选择了在原有的图画上继续作画。这本身就是一个信号，表明作画者感受到在上次图画中有一些未尽事宜，这次她可以继续完成。

如果对比图 24-2 和图 24-1，我们可以看出四个方面的不同。一是作画者又增加了两棵树，在第一棵树的左右两边各加了一棵，在构造和笔触上，这两棵树不如第一棵树那么精致和用心，但是这两棵树的出现，给画面增加了一些生机感。二是在左上方多了一轮红日。三是增加了地面和地平线的部分。四是增加了第一棵树的树叶。

图 24-2

155

这些添加的内容有其所代表的意义。第一，作画者寻找到了更多的支持力量。新增加的两棵树和太阳代表她感受到的支持力量。我们在前文中曾描述过，树与树之间的关系折射出人与人之间的关系，所以在这幅画里出现的支持力量，代表的更多是人际支持，或者我们也称之为社会支持系统，或者叫社会支持资源。这两棵树是她感受到的来自同伴的支持。在工作坊中，她发现其他毕业生也与她一样面临巨大的压力，所以她将自己的压力正常化了。而工作坊的团体氛围，让她觉得自己的压力被他人看见、理解并得到了尊重。更重要的是通过带领者的引导和干预，她从内在调动起过往在遇到困难和挫折时所运用的资源，通过回顾过去的经验，她知道，当下的压力只是暂时的，而且她有能力去应对。红红的太阳对她来说也具有深刻的含义。在图画中，来自左上方的太阳并不多见。太阳大多是来自右边。我们在第15章中讲过，画在右边的太阳可能代表父亲、英雄、圣人，也有可能代表关注理性的部分和关注未来，或者认为在这个世界上男性是主宰者，是力量的掌握者。画在左边的太阳可能代表了与母亲、与女性的关系，也可能表明作画者关注感性的部分，或者关注过去。除了这些之外，右上角的太阳可能还代表来自目标和终点的激励，而左上角的太阳则来自憧憬的、欲望的激励。我们可以说，这个作画者的内在资源被激活了。

第二，作画者与大地和天空、与父亲和母亲、与阳刚和温柔的力量发生了联结。在图24-2中，作画者增添了地平线和土壤，虽然只是寥寥几笔，而且看上去似乎有一些弯曲、断续，但这部分传递出了作画者内在的变化。树能够感受到来自大地的支持，代表作画者从自己过往的经验中汲取了更多力量，或者她从本能领域里吸收了营养。

在之前的章节中尚未解读地平线的心理含义，我在这里做个详细的阐述。地平线是非常重要的一个指标。科赫在自己的书里也提到了地平线，他说："树干下的地平线同时也表示了地面，它分隔了空气和泥土、树干和树根。大部分作画者都会画地平线。孩子很少画地平线，但他们喜欢把树画在纸的边缘。对他们而言，纸的边缘就代表着地面"（Koch，1979，P101）。在科赫的眼里，如果没有画地平线，可能意味着作画者处于漂流的状况，或者没有立场，或者是顺从的，或者是浮在半空中。在我的经验中，地平线可能并没有这么大的意义。但对这个作画者而言，她在这幅画里画出的地平线是有深刻含义的，因为这个地平线是从无到有的，所以它代表一种变化，可能代表她在这里启动了和大地母亲的联系。如果联系到在画面上方画出的太阳，可以看到作画者连通了与天地之间的关系，连通了与母亲和父亲的关系，连通了自己身上女性力量和男性力量的部分。

这种联结会使整棵树的能量变得通畅，这一点带来第三个方面的变化，就是生命力更加旺盛。她给第一棵树画了新的枝叶，因为她感受到有源源不断的能量从树根通过树干输送到树枝上面，使它能够长出新的枝叶。所以作画者对这幅画的描述是："我源源不断地汲取着来自大地的能量，长出更多的枝叶，与上次工作坊相比，这次我觉得更舒适，内心更加平静。"

## 紧紧抓住大地的树

图 24-3 是这位作画者在第三次工作坊中画出的图画。和之前的两幅图画相比，这幅图主要有四个方面的变化。第一，强调了大地，而且与第二幅图画相比，大地变得更加坚实。第二，出现了树根。第三，画面中曾经的大山不见了，出现了风，树枝和树叶偏向左边。第四，整棵树变得更加高大、挺拔和粗壮。我们刚才已经讲过地平线和大地对作画者的重要性，这里不再赘述。我会将更多笔墨放在何理解树根和风。

**图** 24-3

在第 12 章中我谈过，树根表示本能和无意识的领域，如果成人过分细致地描画树根部分，表示其无意识中存在问题。但是我们的工作坊以个人成长为目的，所以在这里呈现的树根的部分，就不再适合用我们之前提到的对树根的分析进行解读。作画者在这里画出的树根，对她具有特别的含义，她给这幅画起名为"抓"，意即树根紧紧地抓住大地。

让我们先了解一下，在大自然中，树根有哪些功能和作用。

一是吸收功能。根能吸收土壤中的水、二氧化碳和无机盐类，植物所需要的主要营养都是由根从土壤中吸收的。二是合成功能。在吸收了各种基本元素之后，根能合成多种氨基酸并运送到树的各个部分，确保树的健康生长。三是输导作用。树根内的维管组织担负着输导功能。由根吸收的无机营养和水分经过维管组织输送给树的各个部分，树叶吸收的有机养料经根的维管组织输送到根的各个部分。四是固着和支持功能。高大的树木能够站立在大地上，经历风霜雨雪而不倒，主要是因为它具有深入土壤的强大而有力的根系。在固定树的同时，树根还具有固定流沙、保护堤岸和防止水土流失的作用。

对这个作画者而言，画出树根意味着她拥有更深的根基，可以吸收更多的营养，可以合成更多的养分，可以输送更多的养料到树的各个部分。根的固定和支撑作用也被作画者所强调。当树根紧紧抓住大地的时候，它得到的养分会更多，树可以长得更苗壮，同时也代表作画者能够更好地应对正在发生的或即将发生的人生事件。画出树根，代表作画者想到了应对压力的策略，即加强来自内在的力量，拥有更强大的自我，汲取更多的力量，让自己从一棵柔弱的小树，变成一棵苗壮的大树。

这幅图画中的风，其实是从上一幅画中的山演化而来的。风仍然代表着压力，但从山变成风，这种变化具有重要的意义。山所代表的压力巨大无比，让人感觉喘不过来气，甚至坚不可摧、无法撼动，而风所代表的压力是灵活、不确定而有变化的，风有时大，有时小。在某种意义上，风也可以是一种建设性的力量，可以吹去树叶上的尘土，可以让树叶在风中起舞。当然，风也可以成为一种破坏性的力量，可以把树吹歪、甚至将其连根拔起。从画面来看，所有的枝和叶都已经被风吹动，并且吹向左边，我们从中可以看出，这股风具有破坏性的力量，给作画者带来的是压力感，但整棵树仍然笔直而岿然不动，据此，我们可以说，对作画者而言，这种压力是其可以应对的，这与前面两幅画中小树在大山面前的渺小、柔弱不可同日而语。来自右边的风代表压力来自未来，而不是现实生活中存在压力，而未来可能出现的压力，更多以焦虑的形式存在。这和前面两幅画中出现被涂黑的树干所表达的意向一致。

在读完这一位作画者的成长故事后，你是否感慨于图画技术的神奇？

所有的变化均来自作画者的内在。从被压制的树变为汲取能量的树，再变为紧紧抓住大地、成长为一棵茁壮的树，作画者主观能动性被调动起来了，她自己决定了是否变化、变化的方向、变化的节奏和速度。

**成长·操作**

在你的图画中，你看到哪些人际方面的支持？是否感受到来自天空和大地的联结？是否感受到与父亲和母亲的联结？如果没有，我邀请你画一棵树，一棵能够与天空和大地、与母亲和父亲建立联结的树。你可以用任何你想用的画材。画完之后请回答第 2 章所提出的问题。并且将之与你画出的第一棵树进行对比，观察其异同。

# 25 审视纠结和困惑，用手画出内心的答案

在本章中，我会通过一位作画者在两次工作坊中的两幅图画，与大家分享如何通过图画更清楚地了解自己当下面临的难题，以及如何找到可能的解决方案。

## 开花的竹子

这是一名大学毕业后工作三年的女性，她目前面临的难题为是否转换行业。她非常热爱自己本科时所学的专业，但在就业时，由于现实条件的限制，她选择了薪水比较高但和以前所学专业完全不相关的行业。但是工作三年之后，她开始怀疑自己之前的选择。她想跳槽，但面临两个选择：一是痛下决心，换到之前喜欢的专业领域，但刚开始工资可能比较低，二是继续在自己不怎么喜欢，但报酬比较高的行业中工作。

带着这样的困惑，她走进了我的工作坊，画出了第一幅画。我们先来看图 25-1，她画的是开花的竹子。作画者描述说："开花的竹子非常璀璨，她感受到有价值，也有成熟感。"我们可以看到画面上有三根竹子，从纸的下边缘开始往上画，占据了画面大部分的位置。在这三根竹子中，中间的一根比较粗，两边比较细：绿色的竹子和稀疏的竹叶，黄色的小花是竹子开出的花。

在第 11 章"树的种类"中，我阐述了多种类型的树，但其中并不包含竹子，因为画竹子的人总体比例并不高，画开花的竹子的人则更少了。那竹子具有怎样的心理象征含义呢？竹子是非常具有中国文化特色的植物。在中国传统文化中，竹子有积极、正面的含义，如竹子生而有节，竹节毕露，象征着高风亮节等。竹子是空心的，代表作画者虚怀若谷的品格。竹子四季常青，象征着顽强的生命力。竹子笔直的线条、中空的结构、独特的叶形给人留下深刻的印象。

图 25-1

作画者选择这种树代表自己，本身就有深刻的含义。她用竹比喻自己的品格和个性：低调做人，但有自己的原则和风骨，就像竹子的清新俊逸。

画面的上边部分呈现的是竹子开的花，竹子开花不是很常见的现象。竹子开花意味着竹子枯死。《山海经》中这样写道："竹六十年一易根，而根必生花，生花必结实，结实必枯死，实落又复生。"作画者用了一个比喻来象征自己当下的处境：如果再不转换到自己喜欢的行业，她可能就像开花的竹子，要进入枯死期了。但是，竹子拼死开出的花朵是璀璨的，开出的花朵还会结出果实，形成种子。作画者仿佛要用自己所有的生命能量换取最后的璀璨，赢得新的开始。如此一来，这幅看上去非常淡雅的画，可能含有一种决绝和悲壮的意味。

竹子其实是一种非常有弹性的植物。竹子弯而不折，折而不断。但是，在这幅图画中，作画者表现出了一种决绝，这种决绝与竹子的韧性形成强烈的冲突。作画者好像把自己推到了一个角落，只能用这种非常激烈的方式才能找到出路。但作画者也有可能是用这种形式表达自己的决心和挣扎。

## 横着长与竖着长的不同含义

在第二次工作坊中，作画者画出了
图 25-2。画面的正中央是一棵树，长着
心形的树冠。整个画面被分为上下两部
分，下面的部分是黑色的、厚实的土地，
树就深深地扎根于这块黑色的土地上。
画面的上半部分是蓝色的夜空，夜空中
有星星和月亮。整个画面涂满了颜色，
两种色块的面积都非常大，深褐色的土
地和蓝色的天空相交在一起，而在这两
个世界之中，生长着一棵心形的树。

图 25-2

作画者给图画取名为"竖"。她对这幅画的描述是："这是在秋天晴朗
夜晚的一棵爱心树。树周围是一片安静的草原，坐在草原上可以看到很大
的月亮。"当被问及看到这幅画会联想到什么时，作画者说想到了小王子的
故事，是小王子和狐狸聊天的场景，那个画面里也有很美的树。如果你读
过《小王子》就会知道，小王子和狐狸对话的核心词是"驯服"。狐狸说了
这样一句话："如果你驯服了我，我的生活就一定是欢快的。"在狐狸眼里，
"只有被驯服了的事物，才会被了解。"

"只有被驯服了的事物，才会被了解。"狐狸说，"人不会再有时间去
了解任何东西。他们总是到商人那里购买现成的东西。因为世界上还没有
购买朋友的商店，所以人也就没有朋友。如果你想要一个朋友，那就驯服

我吧！"

"那我应当做些什么呢？"小王子说。

"你应当非常耐心。"狐狸回答道，"一开始你就这样坐在草丛中，坐得离我稍微远一些。我用眼角瞅着你，你什么也不要说。话语是误会的根源。但是，每天，你坐得更靠近我一些……"

结合作画者面临的现实苦恼，我们可以知道，作画者要思考的事就是她是否让自己喜欢的专业驯服自己，或者说，她是否去驯服自己热爱的专业。在工作坊中，她叹息道："我不知道这棵爱心树的爱心是应该横着长，还是竖着长？横着长就意味着我要先赚够钱，先让自己有比较好的物质基础。如果竖着长，就意味着我去从事自己喜欢的、热爱的专业，可能暂时没有丰厚的收入，但是我可以在专业上更好地发展自己。"

当听到作画者这样说的时候，你可能会和我一样，露出会心的一笑，因为作画者通过图画，已经给出了答案！请观察一下图画中的树，你觉得那颗爱心的生长方向是横着的还是竖着的？那颗心已经呈现出竖着长的状态了。如果你还不确定，可以想一想，作画者给这幅画取的名字叫什么？是"竖"，她已经确定其要竖着生长了。是不是很神奇？作画者自己都没有意识到图画已经给出了答案。她更倾向于从事自己热爱的专业。此外，图画里还有其他线索。她画的大地特别厚重、厚实、肥沃。如果这是肥沃的黑土，那在这块肥沃的黑土上面生长的树木，一定特别幸福，因为树可以很安心、很安全地成长：树根想扎多深就可以扎多深，想吸收多少养分就可以吸收多少养分，那会是特别舒服、舒畅而自由的状态，可以酣畅淋漓地、恣意地生长。

虽然在通常情况下，只有儿童才会画出比较深的树根，但对于成长取向的工作坊来说，对树根的解释会有所不同。对这位作画者而言，当生命之树的根能够深深地扎入大地时，事情就会变得非常稳定，不论外界发生什么，树自岿然不动。即使遭遇一些挫折，对深深扎根于大地的树也难以构成威胁。根在土里扎得越深，就会有越多养分被源源不断地通过树干从树根输送到树枝和叶子，整棵树的树冠就会长得更大。从目前的画面上可以看到，树冠还不是很大，这也可能表明作画者对自己在专业领域的工作能力还不够自信，认为自己处于刚刚进入行业的阶段，需要学习更多的专业知识。她对自己有一个比较现实的评估。这是非常可贵的。

此外，与黑土地接壤的是蓝色的夜空。图画中画的不是白天，而是夜空，这有几种可能性。第一种可能性是作画者的独特性。在前面说过，这名作画者是一个非常有个性的人，第一幅画中她用竹子代表自己，为了凸显自己的独特性，她可能会把时间画成夜晚。大多数人的图画画的都是白天。第二种可能性是作画者在用夜晚的自我思索找出答案。人们在夜晚的时候会回归真实的自己，所以在面临人生重大选择的时候，她更愿意用真实的、沉思的自我去面对，所以夜空更有可能帮助她找到内心真实的答案。第三种可能性是夜空带给人们与白天不同的能量。白天，阳光带来的能量水平会更高，而夜晚由月亮和星星带来的能量水平比较低，有时候夜晚也代表低落和忧虑的情绪。第四种可能性是夜空代表浪漫、神秘、不可知。第五种可能性是作画者的性格比较内向，在夜空下的独处是其恢复精力的最佳方法。我们在第 20 章中提到内外向性格的异同，性格偏内向者的能量来源是自己的内在世界、思想、情绪和观念，独处能让他们恢复精力。

这位作画者带着让自己纠结的议题来到工作坊。在连续工作坊中，她从自己的图画里得到了答案。在工作坊中，没有人给她建议、忠告或指点，找到答案是她自己的功劳。艺术有巨大的包容性，我们又创造了相互信任的团体氛围，所以她可以自由地进行探索。但是，探索的答案并不是那么明确、直白地显现在我们面前，而是通过无意识的方式呈现出来，所以在一开始她也没有捕捉到，而是稍后才得以理解。

但是，找到答案并不等于其后的路就会一帆风顺。在图画中，不论作画者本人的解读是怎样的，夜空代表着作画者感受到的困难程度和不确定性，也代表着作画者的理想主义和情怀。《小王子》是一部很美的童话，但生活不是童话。在这幅图画中，土地所占面积大、颜色浓重，这本身也说明作画者在拼命说服自己，告诉自己这个专业领域多么具有吸引力，多么值得她投入。而现实可能并非如此，所有的事物都有两面性，有趣和乏味相距并不远。作画者还是要做好充足的思想准备：即使做自己热爱的工作，也会遇到各种困难和挫折。

还记得瑞士心理学家荣格说过的一句话吗？"通常，手知道怎样去解决理智徒劳无功的难题。"我们这里呈现的就是一个这样的例子。

**成长·操作**

你是否也面临选择？是否也为选择什么而纠结？请你画出一棵纠结的树，然后和这棵树展开对话，通过对话更好地理解自己内心的选择是什么。

# 26 从控制走向疏通，让情感自由表达

本章通过一位作画者的图画，介绍如何运用图画帮助人们从压抑的情感走向疏通的、自由展现的情感。

## 被压抑的情绪

作画者是一位 25 岁的女性，刚刚走上工作岗位，在新环境中有些不安和不适感，但正在努力调适中。我们先看图 26-1。你可能已经注意到，在这幅画中有四棵树，这表明作画者对于人际关系的需求比较高，或者对人际关系非常敏感。从距离上看，这四棵树彼此分开，有合适的距离，可能对作画者而言，保持一定距离的、不疏远也不紧密的人际关系让她感觉最舒服。画面中间最大的一棵树代表了作画者本人。她把自己画在画面的正中间，表明作画者具有一定的自信心，对自我的评价也比较高。

图 26-1

当仔细观察这棵树时，我们会发现其最大的特点是树干和树冠呈明显分离的状态。不仅颜色上形成强烈的分隔和对比（一个黑色，一个绿色），而且在线条上，也完全被分隔开。我在第12章中介绍过对树干的解读，由于篇幅有限，没有讲树干和树冠分离的这种类型，在这里展开讲一下。这种树干是封闭型的，象征着作画者在认知、精神生活和情绪机能上的明确分离，可能是受到自身情绪的威胁，可能是无法轻易接受自身的情绪，或者无法包容、承载自身的情绪。在大多数情况下，作画者都能够很好地控制自己的情绪。控制感对这类作画者来说非常重要。但另一方面，在控制和压抑的下面，也存在着情绪失控、情绪混乱和情绪爆发的可能性。

在图26-1中，树枝像直接安插在树干上面，树干四周的线条被用力地强调，代表作画者极力对情绪进行控制和压抑，不让情绪影响自己的理性思维。呈现在画面上就是把情绪闭锁在树干里，不让它流动到树冠和枝叶上面。在大多数情况下，这可能都不构成问题，但也可能存在着另外一个极端，即作画者一旦失控，情绪可能就会大爆发。另外，这种情绪和理智的明确分离，也有可能抑制了作画者潜能的发展，因为情绪本来就是一种力量，现在却被闭锁和封闭住，作画者无法自如地展现自己所有的能力。就像图26-1中所呈现的一样，所有的能量都被封闭在树干中，无法输送到树的其他部位。从图画中我们可以发现，其他几棵树的树干都是用褐色的笔画出，只有中间最大的这棵树的树干是黑色的。由此我们可以看出作画者对自己情感的控制严格到什么程度。

那么对于作画者而言，对情绪的隔离和控制是其处于新环境中生出的暂时性的表现，还是其人格的基本特征？我更倾向于认为是其人格的基本特征。树干是完全闭锁的，另外四棵树也是如此。这个特点被重复了四次，可能是新环境强化了她对情感的严格控制，因为在新环境中，人们有可能更加小心翼翼：有很多新东西要学，有很多人要认识，新人总担心自己做错什么事情，所以会更谨慎。

除了以上所讲的特点，我们还可以看到，在这幅画中作画者画了地平线，所以她的内在稳定感是存在的。画面上还有太阳，但由于树干是黑色和褐色，所以太阳并没有让整体画面给人温暖的感觉。

## 压抑情绪的松动

接下来我们看图 26-2，这是作画者在经过引导之后在第三次工作坊中呈现的图画。作画者对这幅画的描述是："树叶是伸展的，非常有生机，也非常平静。"她给这棵树取名为"舒展的枝叶"。从这幅画中，我们发现，这棵树的整体构造与图 26-2 中的树非常像，都是树冠和树干有明显的分离，然后同样有地平线和太阳。

但是，这幅画中的树多了树根的部分。由于是成长工作坊，这里的树根代表的是作画者想扎根于大地，而不适用于我们之前所讲到的对树根负面的解读。

图 26-2

这棵树和图 26-1 中的树还有一些不同点：树干变细了，树枝和树叶变多了，整个画面也更有生机了。这也意味着更多的能量可以从树根输送到树干，从树干输送到树冠。其象征含义是：作画者对情感的隔离和压抑有一些松动和变化，情感压抑不再那么强烈，控制也不再那么严格，所以有一些能量在流动。这一点可以从树干的颜色中看出来，这棵树的树干颜色是浅褐色。另外，树干的颜色与树枝的颜色是一致的，这本身传递出一种信号：能量是可以从树干传输到枝叶上的。此外，树干变细也意味着作画者的控制在减弱。在这里，树干变细对作画者是一种积极的信号，她不再像第一幅画中呈现的那么僵硬和机械了。

此外，这幅画中的太阳有了温暖的含义，它和画面中的枝叶相互辉映。与图 26-1 相比，图 26-2 给人一些灵动感，而图 26-1 给人的感觉是凝重、僵硬而僵化的。就像作画者所说，这幅画中的树能够舒展了，这代表作画者有了成长的空间。

## 情绪的通畅

最后我们来看图 26-3。这是作画者在第四次工作坊中呈现出的图画。在这次工作坊中，我们的工作重点是疏通。作画者在画出了这幅图画后，给出大段的文字描述："我画了能量在树中流动，从树根输送到树的各处。这棵树长在森林中，生长季节是春天，晴空万里，春光明媚，花草茂盛，周围的小动物也很多，一片生机勃勃。森林中的和谐景象让人身心舒畅。我甚至感觉自己能够听到鸟鸣和水流的声音。整个画面给我的感觉是非常明亮而有生机。"她还补充道："最近工作上的事情非常多，但是我都能够安排好。这会让我比较有控制感。画完画之后我的心情非常舒畅，非常愉悦。"她给图画取名为

图 26-3

"森"，一个寓意深刻的名字，森林是有很多树的地方。这个名字代表她与周围人的交往更好，也代表她能融入环境中。

与之前的两幅画相比，此幅画最大的变化是树干和树冠的构造发生了变化。树干、树枝和树冠之间的联系被打通了。作画者在树干上画了很多小点，用以代表树根吸收的各种各样的能量被源源不断地输送给树冠和枝叶。不同颜色代表了不同的养分和元素。

我们可以看到，靠近地面的树干部分像一个大喇叭，从树根处源源不断地吸收着能量和养分。这代表作画者不加区分地从原始的本能领域汲取情感、欲望和感受，并把它们输送到理性、精神的领域。这种方式在很多时候被认为是对于无意识的情绪不加区分地全盘接受，或者向理性的部分注入大量的情感内容，带有一定的负面含义。但是，对于这个作画者而言，这属于矫枉过正，之前她处于严格控制、过度压抑的模式，现在她想突破和改变，有可能就会采用一种相反的模式，或者走到另一个极端，即不加区分、不加限制地允许自己的情感流淌出来，在经历这样一个过程之后，再逐渐找到恰当而适度的表达方式。在描述自己的图画时，她提到自己是有控制感的。这对她非常重要。作画者还提到自己处于仰视的状态，看着能量的流通。这种仰视代表了她对情绪能量怀有一种敬畏的态度，表达情感对她来说是陌生的。

如果作画者不是通过图画找到这种新模式，那么在现实中，她可能会付诸行动，在失控的情绪大爆发后开始反省，结果可能是高筑堤坝，更严格地控制自己的情感，也可能是反省后寻找新的方式。然而，在图画工作坊中，她用图画的方式探索新的可能性，这种方式不会危及任何人，不会给自己带来任何伤害。在现实中，她有可能要付出失控和混乱的代价才能出现的情感表达，在图画中通过有序、可控制的方式得以疏通，这让她体验到情感不再受压抑而流动起来的生机和自由。在画面中，地面上有很多鲜花，树丛中有小鸟，还有蝴蝶在翻飞，代表了她感受到的舒畅和愉悦。这部分不是通过言语来完成的，而是先通过非言语的方式，即图画的方式，在潜意识中形成画面来呈现，所以不具有威胁性。她在潜意识层面可以接受画面的内容。当画完之后，她有一种非常愉悦的感受，这种情感体验是真实的。然后，我们才通过言语进行沟通。

看完这个成长故事，你会不会有所感触呢？对你有什么启发吗？通过图画，作画者挖掘了自己生命中的潜能，开始尝试运用情感的力量。

**成长·操作**　请你观察一下自己的图画，其中有没有情感压抑的部分呢？如果有，如何让你的情感可以自由地流动呢？请你画一棵情感自由流动的树。画完之后回答第 2 章提出的问题。然后把这幅画与你画的第一棵树进行对比，观察其有何异同。

# 27 呈现多个自我，面对真实自我

在本章中，我通过一个具体的案例向大家展示，当图画中出现多种树的类型时，怎样通过图画看到真实的自我。

## 多肉植物

图 27-1 的作画者是一位女性，刚刚毕业步入工作岗位。这是她画的第一幅画。画面分为前景和后景，前景部分是一朵花和一棵多肉植物，后景是两棵树。作画者说自己是那棵多肉植物，是坚韧而弱小、缓慢而饱满的。图画的名字叫"大树中的多肉植物"。我们先来观察一下这棵多肉植物，它是一棵开花的多肉植物，叶瓣圆润而壮硕。如果从植物和树的比例来看，这应该是一棵非常大的多肉植物。而且这棵多肉植物处在画面的中间，再加上作画者用开花的植物来形容自己，所以作画者对自我的评价还是比较高的，而且其自我感觉也比较

图 27-1

好。但是需要留意，她对这棵多肉植物的描述具有非常冲突的两面。首先，它是坚韧的，但同时又是弱小的。弱小的描述和画面所呈现的部分明显不一致，但可能是她内心的感受。其次，它是缓慢而饱满的，饱满的部分可以从图画中看到，而缓慢的部分在画面中看不出来，但这可能和作画者的感受有关。可能她觉得在新环境中，与他人相比，自己在很多方面都比他人慢：做事情的速度方面、学东西的速度方面都处于缓慢的状态。

这幅画的上半部分是两棵大树，对此我们可以有多种解释。一是代表作画者感受到的来自父母的庇护，整个画面给人的感觉也非常像三口之家，上方有可能代表来自父母的呵护、关爱、支持及保护。二是代表其感受到的来自环境的社会支持和人际支持，有可能是在新的环境中其他人给予的支持。三是代表来自同事的竞争，来自与其他伙伴的社会比较，即在新环境中，其他人都像高大、粗壮的树，只有她像多肉植物，所以显得比较另类，比较弱小。与树木相比，多肉植物显然是微小的、弱小的。

从整体画面看，多肉植物和树处于中部和上部，画面的下半部分只有星星点点的草，可以看到作画者更多地关注自己的情感领域和精神领域，不太关注原始的、本能的领域。此外，整幅画中都没有地平线，给人一种植物与大地之间没有联结或者联结不是特别紧密的感觉。

最后，我还想说一点，用多肉植物代表自己也是一种比较独特的画法。多肉植物是指植物的根、茎、叶三种营养器官中至少有一种是肥厚多汁并且具备储藏大量水分功能的植物。这种肉质组织能够储藏可利用的水，在土壤含水状况恶化、植物根系不能再从土壤中吸收和提供必要的水分时，它能使植物在暂时脱离外界水分供应时独立生存。从多肉植物的形状可以看出其耐旱的程度。越耐旱的多肉植物的茎越短、叶质越厚。作画者所画的多肉植物明显非常耐旱，对水分的要求不高。多肉植物的象征含义有多层：一是能在较为干旱或恶劣的环境中生存，生命力非常顽强；二是平凡而可爱；三是异国情调，有些多肉植物来自其他国家或地区，其形状、色彩都给人一种非常新奇的感觉。

在这位作画者的图画中，多肉植物符合以上三层含义。在新环境中，作画者愿意展示自己可爱、平凡、普通这类形象，另外，她自己也提到了坚韧这一特点。除此之外，养过多肉植物的人都知道，多肉植物虽然不用浇太多的水就可以生存，但多肉植物的养护也并非那么容易。因为每一种多肉植物都有自己的独特需求，仅仅按照少浇水的方式并不能养好所有的多肉植物，按需浇水最为理想，但这不是一件容易做到的事情。多肉植物有其独特的需要，这种需要有其自身的规律，不能够依据照料者的需求来予以满足。所以这也凸显出了作画者需要被关注的部分虽然可能不是特别多，但其需要被关注的点是精准的，也具有其独特性。

## 分区的树冠

图 27-2 是作画者在第二次工作坊中所画。这一次她画的植物类型发生了变化：从多肉植物变成了一棵树。这棵树的形状非常有特色，在之前的章节中尚未涉及，其树枝是展开生长的，被分成不同的区域，有一团团、一簇簇的树冠。

图 27-2

这里解释一下这种分区树冠的基本含义：画这种类型的树的人，通常有目标、有信心、有雄心，对自己的能力很自信。他们的活动具有多样化的倾向。虽然他们可以同时进行多项工作，能够非常有热情地在一段时间内力求实现某些计划，但也会为了其他计划突然停止正在进行的工作。他们非常擅长出谋划策，能列出一些很好的计划，如果需要他们踏踏实实地去实现自己的计划，也许他们会感到厌烦。他们的精神领域可能不安定，有时情绪领域会同时关注多件事情。这样的人具有惊人的恢复力，所以很少有挫折感。在遇到障碍时，也能够寻找新的方式或目标。

这位作画者也具有以上这些特点。当她开始适应新环境后，她感兴趣的方面更多了，她愿意尝试更多的事情。画纸是横着的，这棵树需要伸展开自己的枝叶，所以要把画纸横着放，能够让作画者有更大的伸展空间。这其实是对之前多肉植物的一种展开化和舒展化。多肉植物已经包含了第二次工作坊中这棵树的雏形，我们可以看到作画者在新环境中有了更多的自信、更多的自如感和掌控感，更能够发挥自己潜能，对环境也更适应，这些变化令人非常欣喜。

作画者在内心中做了一个决定：不再满足于用可爱和独特性来标识自己，而愿意用一棵独立的树的形象，或者以一个有责任感、能够承担责任的成人的形象出现在新环境中。所以在画面中，大地是广袤的，作画者用了很多的笔触来描画大地。在图画的右上角虽然画了太阳，但太阳提供的温暖和热量似乎并不多。

## 能量通畅的大树

在第三次工作坊中，当我们强调与大地的联结后，作画者在图27-3中第一次画出了地平线，画出了树根的部分。她对树根有一个特别的描述，

她说这些树根是粗壮、分叉、坚固而
又顽强的。我们可以看到这些树根在
地下拼命生长，根的尖利性也呈现出
作画者具有一定的攻击性。树根的出
现和作画者之前一直忽视自己原始
的、本能的领域形成对比，标志着她
开始和本能的领域建立联结，这让她
在整体上有了更平衡的发展。

由于作画者关注到树根的部分，
所以整棵树变得更通畅。与之前图
27-2 上所画的相比，这棵树的树干
部分的颜色变淡了，能量也更有可能
从树根输送到树干部分。树冠方面，

图 27-3

本来分区的树冠的各个部分现在变得聚拢和集中了，似乎更向中间靠拢了。
这其实代表作画者的一个变化：所有的能量往一个目标或核心区域集中。
在工作中，她的目标更加明确，或者至少她的能量更集中在某一点上发展。

另外，作画者把画纸竖着放，这和之前横着画的感觉不太一样。在这
次的主题中，突出的是能量流通的部分，所以竖着的画纸更能帮她传递能
量流动。能量在天地之间，在树根、树干和树冠之间能够通畅地流动，所
以这种通畅感通过在画纸上竖着作画更能够表现出来。

## 整合中的树

图 27-4 是作画者在第四次工作坊中的图画。也许在观感方面，这棵树
不如前面几棵树层次分明、重点突出。但是作画者对这棵树感触很深，她

图 27-4

用了大段的文字对之予以描述，她说："茂密的树根扎根广袤的土地上，光滑的树干、嫩绿而鲜亮的叶片，这是一棵汲取着营养的树，所以它是一棵茂盛、新鲜、光亮的树，长在肥沃的平原上，它象征着我从身边的环境中吸收营养，不断地成长。"听了作画者的自我描述，我们会对图画有一种新的理解。这幅画可能并没有完全把作画者感受到的部分呈现出来，但她的感受基本呈现出来了。

作画者之所以未在这幅画中画出像之前那么层次分明的树，是由于作画者处于过渡阶段。我们可以看到，她在非常努力地进行一些内在的整合，想把自己所有的能量整合到一起。但在整合的过程中，树的树根、树干和树冠可能是非常生硬地拼凑在一起的。这是因为，整合其实需要内在发生很多变化，需要有内在的组织工作。在咨询中有时我会遇到这种情况，有些来访者在经过一段时间的咨询后，状况反而变得更加糟糕，在进行咨询之前，他们至少还是开心、愉悦的，整个人会不时处于兴奋的状态，但经过一段时间的咨询后，他们反而变得悲伤、难过，这是由于咨询进入到一定深度时，来访者可能完成对童年的告别，步入分离个体化的阶段，相应地，其状态也会从肤浅的快乐，步入成年阶段，虽有些无聊，但非常真实；来访者内在的伤痛有可能被触及，并开始对之进行修复，也可能他们会从理想化走向理想化破灭，开始接受现实；来访者可能在向虚幻的过去告别，完成对过往的哀悼。在这些过程中，来访者的状态可能并不好，但经过这个阶段之后，他们往往会发生比较稳定的改变。

　　图 27-4 就呈现了作画者的这种状态：作画者的内在已经有了新的感受，但她无法通过图画把这种新的感受表达出来，可能只是单纯地受制于画技，但也可能是她没有办法在心理表征层面把她的感受建构出来，从而无法用图画予以表达。具体而言，她之前体会到的能量通畅的部分，还没有在自己的潜意识和意识层面完成整合。好在言语的部分能够帮她弥补一部分想表达的内容。我个人一直非常看重言语表达在图画治疗中的作用。尽管从整体看，这幅画不如之前几幅层次分明，但是仍然让我看到作画者在这个过程中的努力。

## 彩色柳树和珍珠

图 27-5 是作画者在第五次工作坊中画的树。这幅画中最吸引人的是正中间那棵彩色的柳树，还有画面左上部分海滩上彩色的珍珠和贝壳。作画者这样描述这幅画："这是长在海岛沙滩上的一棵彩色柳

**图** 27-5

树，沙滩上到处是彩色的珍珠。"作画者还说："我开始本来想画之前画的树，画着画着就变成了随风飘逸的柳树，我还在它周围画了其他树。画中的海岛是我曾经去过的一个地方，也非常像一部外星球电影中的海岛，岛

上到处是珍珠。"她特别补充了一句："我也不知道自己为什么最后会画出柳树，但我觉得柳树很漂亮，我应该是那棵漂亮的柳树。"

至此我们可以看出，其实作画者非常爱美，在她的心里，她是一个漂亮的女生，但是刚进入新环境的时候，她不能将自己自信的、漂亮的部分展示给他人，所以最初展示出来的是多肉植物的形象：平凡而普通，不引人注目。而到我们第五次工作坊的时候，她就能够展现出自己对美的喜爱和追求，包括对自己的美丽的自信。所以画面中的彩色柳树，还有所有的珍珠贝壳，都是她用来象征自己的美丽的，表明她是值得被珍爱的，也是被父母所珍爱的。

在这里，我要讲述一下珍珠的象征含义。珍珠是一种有机宝石，是唯一不需要加工就天然生成并带有神奇生命力的珍宝，主要产于珍珠贝类和珠母贝类等软体动物的体内，由其内分泌作用而生成的含碳酸钙的矿物珠粒，是由大量微小的文石晶体集合而成的。珍珠的种类丰富，形状各异，色彩斑斓，而且它非常古老，早在两亿年前就存在于地球之上了。不管是海水珠还是淡水珠，都来自于水中，而且要经过千辛万苦的磨砺才能够形成。这些软体动物每天分泌 3 ~ 5 次珍珠质，每次分泌覆盖在珍珠上的厚度非常薄，一年的珍珠层厚度只有 0.3 毫米左右，而每颗珍珠都由上千层珍珠质包被而成。珍珠具有丰富的象征含义，在这幅画中，珍珠代表着美丽、纯洁、未受任何污染、像童话一般的世界，诚如作画者所言，珍珠的场景像外星球一样。

珍珠具有多层象征含义。第一，珍珠代表珍贵而美好的事物，代表浑然天成的美丽，代表纯洁、温润和高雅等。在中国历史上，有两件珠宝被世人所知，一件是"和氏之璧"，另一件是"隋侯之珠"，有人说后者就是珍珠："珠盈径寸，纯白，而夜有光明，如日月之照，可以烛室。"美好的东西会被比喻为珍珠，如白居易的《暮江吟》中脍炙人口的诗句："可怜九月初三夜，露似珍珠月似弓。"宋代诗人戴复古的诗句："锦绣有光摇竹影，珍珠无价买春华。"意大利画家桑德罗·波提切利于公元 1487 年创作的《维纳斯的诞生》一画中，将女神置于一扇巨大的贝叶之上，从水底缓缓而出，女神抖落的水珠形成粒粒珍珠，洁白无瑕，晶莹夺目，同时，珍珠也用来形容和象征美的女神。

第二，珍珠也和悲伤、痛苦有关。珍珠的形成分为有核珍珠和无核珍珠两种。以异物为核称为"有核珍珠"。蚌的外套膜受到异物侵入，如砂粒或寄生虫等进入，受刺激处的表皮细胞以异物为核，形成珍珠囊，珍珠囊细胞分泌珍珠质，层复一层把核包被起来即成珍珠。无核珍珠是指蚌的外套膜外表皮受到病理刺激后，一部分进行细胞分裂而后发生分离，随即包裹了自己分泌的有机物质，形成珍珠囊而后形成珍珠。不论哪一种形成方式，都是蚌病成珠，珍珠的形成过程都是痛苦而难过的。珍珠宛然成了凝固的泪珠。自古有鲛人落泪成珠的传说，故珍珠也常让人联想到眼泪。在李商隐的名句"沧海月明珠有泪，蓝田日暖玉生烟"中，珍珠就与眼泪、悲伤、黯然神伤联系在了一起。

第三，珍珠和对痛苦的转化有关。珍珠的形成是把痛苦包裹而形成美好事物的过程，是一种升华的过程，虽然其内核是痛苦、伤痛，但最终的结果却是美好而高贵的。

我在第 11 章中讲过柳树的象征含义，但这幅画中的柳树给人以飘逸的感觉，而且这棵树还被画成彩色的，这种色彩缤纷让这棵树像一棵梦幻树，也就是之前说过的抽象的树，它不是现实中存在的树，这更加突出了它在现实中的梦幻性。周围的其他树更多采用的是写实的画法，一棵松树、一棵圆形树冠的树，柳树与它们长得都不一样，显得非常特别。

这幅画的主题与图 27-1 是一样的，表明她是很特别的一个人，与周围的人都不一样。但是在图 27-1 中作画者给人一种自卑的感觉，而在这幅画中展现的则是其自信的一面。

## 真实自我

在看完这五幅画后，你可能想问，在这五幅画中，作画者呈现了不同的树，那么哪一棵树或哪一种植物才是她真实的样子呢？在我回答这个问题之前，我想请读者思考一下，你自己有怎样的答案呢？在我看来，她画的所有树和植物都是她自己，而不仅是指定的那棵树或那种植物，如多肉植物或彩色的柳树，画面中所有出现过的植物，都是她自己。换句话说，不仅画面中出现的植物是她自己，画面中出现的所有元素都是她自己。

我在前文中说过珍珠也代表作画者，大海及其他所有的附属也都可能代表作画者。包含树和植物的所有元素组合起来，能够解释她人格的不同侧面。如果把她在工作坊中画的所有图画关联起来，可以给出以下的解读。

当她还不了解新环境的时候，表现出的是怯生生的观察性自我，这个自我带有自卑感或者比较沉默，即那一棵多肉植物的形象，不希望他人过多地的关注自己，但又想让他人知道自己是一个很独特的人，也可能她在那个时刻会更多地依靠和依赖他人。当外在环境给她提供足够的支持和自由的时候，她就能够自由探索、自由生发，即第二幅图画中那棵自由伸展的树。在第三幅画中，树开始慢慢扎根，表明她在新环境中获得了更多支持，然后有了更多确定感，所以慢慢开始了解自己到底可以做什么。第四幅画表明她正处于努力整合的过程中，也与环境有了更多的匹配。第五幅画体现的是，当她完全熟悉了环境，也熟悉了游戏规则之后，她便能够散发出自我的魅力，散发出美丽和自信的光芒。如同她在第五幅图画上所呈现的形象——拥有婀娜多姿、美丽等更多女性特质，具有非常丰富、细腻的情感，而不像在第一幅画中的多肉植物那样，需要更多的自我保护。到第五幅画时，她就可以更多地展现自我的风采，而且可以用不同的形象来展现，如三角形的松树或其他形状的树，这就体现了其更多的自信和掌控感，允许自己表现出多样性，把最美的形象展现在他人面前。

成长·操作

看完这位作画者在新环境中怎样通过图画一步步找到真实的自我，你有没有联想到自己在新环境中是怎样逐步适应的，又是怎样展现真实自我的？如果你刚好也处于变化的新环境中，那也请你画一幅图画，名字就叫"在新环境中的树"。画完画并回答问题之后，请将其和自己之前画的第一棵树进行对比，观察下这棵树和之前画的那棵有什么不同。

# 28 从迷茫到魔法愿望，用图画展现目标

在本章中，我会通过一位作画者的四幅图画，向大家展示作画者怎样从迷茫中找到了属于自己的路，并且开始进入更深、更高层次的思考。

## 迷茫的小草

我们先来看这位作画者在工作坊中的第一幅图画（图 28-1）。你有可能只看到黑色和绿色交错的画面，其他什么也看不出来。这种时候就特别需要听听作画者自己的解读。

图 28-1

作画者说："我画的是草，用草来代表自己，是那种风吹草低见牛羊的草，是那种生生不息、长得非常茂盛的草。"在工作坊的第一幅图画中，她画出了植物，却没有画树。这种情况并不多见，但在我的工作坊中，作画者有足够的自由度，可以画任何能够代表自己的植物，没有任何对错或好坏之分。这幅画表达的就是她当下的状态。

在这幅画中，她用随处可见的草代表自己虽平凡，但也拥有旺盛的生命力。然后，她说的那句"风吹草低见牛羊"也让人联想到大草原。广袤的草原一望无际，成为这片草原中的一棵草，本来就没有特别鲜明的特点能够让他人看一眼便记住。然而，这幅画中没有出现任何一棵能被辨识出来的草，所有的草都在那里，却又都分辨不出来，这本身代表了一种迷茫，作画者不知道用什么定义自己，也可能她不知道自己的目标。她怕自己成为草原上的一棵树，因为那棵树马上就会成为一个标杆，成为引人注目的标志性植物，而被人注目让她感到害怕。所以，这幅画很好地表现了她的状态：不想引人注目，默默无闻，做一个有生命力，但可能处在没有目标状态下的、平凡的普通人。

这幅画呈现出的迷茫其实非常具有代表性。我在很多年轻人身上看到过这种迷茫：他们看上去每天都忙忙碌碌，有做不完的事情，也非常脚踏实地，一步步在做事，但缺乏目标的指引，所以他们只是随波逐流，按照生活的轨迹，被推动着往前走，缺乏主动性和自我引导的力量。他们只是在按部就班地生活，没有激情和明确的目标。

## 魔法愿望

直到第四次工作坊，这个作画者的图画才发生了巨大的改变。

我们来看一下图 28-2。图画中是一根非常粗的植物的茎，上面还有藤蔓缠绕。作画者确实画了一棵藤蔓植物，她这样描述自己的图画："这是一棵正在生长的藤蔓，是处于春天的、凉爽夜晚的藤蔓，是我记忆中一部动画

图 28-2

片中的藤蔓，那部动画片叫《米奇和豌豆茎》。开始的时候它只是一粒小小的种子，被种下后，在某个夜里突然疯长，一直长，越长越大，越长越高，最后突破云层，到天上去了。这棵藤蔓的目标明确，还非常大，高耸入云。"当我问她，这棵藤蔓和她的现实生活有什么联系的时候，她说："与之前相比，我现在不再那么迷茫了。我有明确的目标，有动力，想坚定地走下去。"与之前图画中的草相比，这株藤蔓给人的印象非常深刻。

## 藤蔓植物的象征含义

在之前讲述树的象征含义时，我没有讲藤蔓，这里我先简单阐述一下。藤蔓属于藤本植物，是根生于土壤中的一种易弯或柔软的攀缘植物。它的茎细长，不能直立，凭借自身的作用或特殊结构攀附他物向上攀缘伸展。当没有外物可攀附时，它们则匍匐或垂吊生长。藤蔓的种类繁多，依照其茎的结构，可以分为木质藤本、草质藤本；从攀爬的方式可分为缠绕藤本、吸附藤本、卷须藤本和攀缘藤本。藤本植物大多生长在温暖湿润的环境中。藤类植物有非常多的象征含义。

其第一层象征含义就是依附性，代表作画者缺乏独立精神、依附于他人而生存。藤本植物是一种细长、不能直立的植物，所以大多数的藤本植物都需要依附其他植物，或者攀缘、缠绕到支撑物上才能够生长。当然也有一些藤本植物会成为自己的支撑物。在这幅画中，作画者就把自己的藤蔓画成像树那样粗的茎，有足够的力量支撑自身。

其第二层象征含义是坚韧性、灵活性、适应性及顽强的生命力。由于可以攀爬，藤本植物可以依照环境的特点改变形状，所以它适应环境的能力非常强，完全可以根据环境来改造自己，让自己更好地适应环境。只要气候合适，藤蔓就会迅速生长。在上海，比较常见的藤蔓植物是爬山虎，可以看到整面墙或整幢楼都被爬山虎的叶子盖住，整幢楼绿意盎然。但当你看到爬山虎是从小小的一枝生发出来的时候，往往会惊叹于其生长的速度。在图画中，作画者便运用了藤蔓植物生长的迅速性，而且将其魔幻化，让其一夜之间长到了天上。

其第三层象征含义是连接性，藤蔓植物可以把很多事物联系在一起。藤蔓的这种连接性是通过藤的缠绕实现的，藤似乎织出了一张网，让不同的事物都能够被藤包裹在其中或者连接起来，有时候这种连接也会延伸成为一种保护性。在这幅图画中，作画者让藤蔓植物连接了大地和天空，连接了其现在和未来的目标。

其第四层象征含义是向上的力量，可能是一种积极的、努力向上的力量，也可能是一种竞争性的、为了达到目标不择手段的力量。只要有可能，藤蔓永远会向高处攀爬，攀附物有多高，藤蔓就可以攀爬多高。只有在没有附属物的时候，藤蔓才会在地上蜿蜒，只要周围有任何突起物，藤蔓一定会迅速地攀缘上去。在图画中，作者就用藤蔓象征了其目标的高远。

其第五层象征含义是吞噬性、绞杀性。在藤蔓生长特别茂盛的地方，其他植物的生长就会受到影响，藤蔓会用自己看上去非常柔弱的力量，剥夺其他植物生长所需的阳光、空气、水和养分。

藤蔓具有各种含义，有刚才说的积极正性的方面，即其坚韧性、顽强不屈、克服种种困难、超越自我；同时它也有消极负性的方面，即其邪恶的、吞噬的、破坏性的、绞杀性的部分，以及其为了达到目的不择手段等，所以它是非常复杂的一种植物。在很多神话故事和民间传说中都会有藤蔓的影子，它也是一种原型植物。在《太平御览》中就记载女娲在造人时，用黄土和水，仿照自己的样子造出了一个个小泥人，她造了一批又一批，但觉得速度太慢，于是用一根藤条，沾满泥浆，挥舞起来，一点一点的泥浆洒在地上就变成了人。在这个传说中，藤条也是有意义的：藤条既是工具，也象征了繁殖力和生命力。

作画者画的这株藤蔓植物，给人的印象更多是积极的：它不是依附性的，而是拥有非常强的主茎，还有枝叶，是一株独立的藤蔓植物，其生命力非常旺盛。在这幅画中，上半部分有一些云朵，表明这株藤蔓植物高耸入云，所以它是非常高大的一株植物。而藤蔓长得这么高大是通过什么方法实现的呢？是通过魔法实现的。

## 魔法的象征含义

之前的章节尚未谈及魔法的象征含义，所以我先简单介绍一下。魔法在现实中并不存在，却常常寄托或象征人们的愿望。例如，这个作画者就有一个愿望："我多么希望我的目标能够在一个晚上就达成！我多么希望我能够在短时间内就拥有这么强的能力，能够走得更远，到达更高的地方，或者实现我想达到的目标。"

在精神分析中，魔法常和全能感联系在一起。全能感是一种夸大的、无所不能的感觉与愿望，它是人类应对困境的一种机制。全能感是婴儿认知发展的必经阶段，是个体在婴儿期拥有的一种感觉，即觉得这个世界都是围绕自己转的，是一种"我想要什么，马上就会出现什么；我想做什么，马上就会有人帮我做什么"的全能控制感。随着个体的成长，其现实检验力逐渐增加，这种全能控制感就逐渐减少，转而被现实感所替代。但在人们表达愿望的时候，仍然会经常用到这种全能感，希望自己能够拥有某种魔法，或者能够借助某种魔法或魔力，在一瞬间实现自己的愿望。

作画者的这种全能感、魔幻感是从动画片中借来的，就像她自己提到的，是《米奇与豌豆茎》中的情节。所以在她的画面中还出现了豌豆粒，我们可以看到圆圆的绿色珠粒，那就是一粒一粒的豌豆。在这部动画片中有三颗魔豆，它们在夜晚生根发芽，直冲云霄，带着动画片中的主人公来到巨人的宫殿，三个豌豆粒小的主人公杀死了巨人，达成了自己的目标，而且那个目标在寻常情况下是不可能实现的。这就更加说明了作画者内在的愿望：去实现之前认为不可能实现的目标。

## 初芽

在第五次工作坊中，活动开始时，我带领组员做了一个涂鸦的热身活动，接下来才是画树。这一次作画者画出的植物是生长在云霄的两片嫩芽。我们可以看图 28-3，在蓝天白云的背景下，画纸的下方有两片嫩芽，在画纸的右上角有一轮火红的红日。作画者是怎样描述这幅画的呢？她说："我的冲天藤蔓在春天的时候长出了小芽，在阳光下暖暖地生长着叶子，还有一些雨水，很滋润，藤蔓感到非常舒服。"她给这幅画取名为"初芽"。然后，她特别提到，

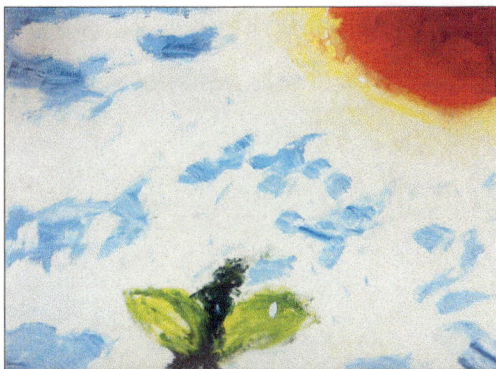

图 28-3

这个藤蔓的生长节奏是缓慢的，生长环境是滋润的。

图 28-3 与图 28-2 形成鲜明的对比。在图 28-3 中，植物只有两片小嫩芽，大片呈现的是背景，即蓝天、白云和太阳，在嫩芽上还有一滴小水珠。但是，我们在图 28-2 中就看到春天的夜里竖立在天地之间的非常粗壮的藤蔓，所以图 28-3 中的植物好像发生了一些蜕变。藤蔓的生长节奏是缓慢的，魔力好像消失了，生长又变成了一件现实的事情，需要有阳光照耀，需要有雨露滋润，无法速成，更非一夜之间便可达成。此外，生长出来的是新的、

嫩芽的部分，而不是原有的粗壮、高大的藤蔓。这些嫩芽代表了作画者内心新的感悟和收获。

从这个意义上来说，与图 28-2 相比，这幅图呈现的情形更具有踏实感、现实感，更具有可能性。在图 28-2 中，植物生长依靠的是魔法，而非现实的力量，这只能在想象的世界中实现，与现实相去甚远。所以图 28-3 有一个非常可喜的变化，就是这幅图画开始呈现现实的基础。这是非常难得的进步。当下流行的一些网络小说有一种风气：主人公都有金手指，都开外挂，都自带系统，想要什么就有什么，能得到他人没有的资源，比他人有更多的秘密优势。即使是在穿越小说中，穿越到历史中的现代人，也都拥有各种优势。这些主人公要想实现目标，只是分分钟钟的事情。遇到需要练武功这样消耗时间的事情，作者通常给主人公设定一个自带的空间，在那个空间中，一分钟相当于现实中的数倍时间，如一分钟相当于一天甚至更长时间。这类小说其实反映了作者速成的幻想，认为可以在短时间内实现自己的目标。这种速成的想法在一些年轻人中非常受欢迎。从飘浮的天空回到地面，在地面扎根，拥有现实感，这对很多人来说并非一件易事。

作画者是怎么意识到自己的目标不可能在一夜之间实现，不可能依靠魔法来完成不可能完成的任务的呢？当我回头去看这幅画之前的涂鸦作品时，我发现这幅画的内容与其之前的涂鸦作品是有关联的。

## 血色玫瑰

我们看一下图 28-4，她画的内容是一朵玫瑰，在红色的底上画了一朵黑色的玫瑰。作画者给这幅图画命名为"血色玫瑰"，她称之为"烈火废墟下的一枝美丽的玫瑰花"。她在描述这幅画的时候说："哇！真是意想不到，我只是随心而画，但是画出来之后我觉得特别舒畅。"画完之后她自己都

很惊讶，不清楚为什么会画出
这样的图画，但画完之后她非
常喜欢，觉得这幅画表达出了
自己的情感。烈火废墟其实有
一个象征含义，是指被猛烈地
摧毁的一些情感，或者是具有
极大的破坏力的现实中的烈火
废墟。

图 28-4

在烈火中残存的这朵玫瑰，是非常惨烈的场面之后幸存的浪漫和生命
力。这朵玫瑰和之前工作坊中魔力召唤出来的粗壮的藤蔓之间有什么关系
吗？尽管我说那是魔幻的藤蔓，但藤蔓本身代表了向更高的目标努力的决
心，是作画者下定决心的一个见证。然而，那个目标在现实中可能非常具
有挑战性，很难实现。对她来说意味着需要她打破旧有的桎梏，打破自己
的一些观念，走出自己的舒适区，挖掘自己的潜能，可能还要面对来自周
围人不理解或不支持的目光，甚至要承担爱情因此而变得不确定的风险。
对她来说，树立那个目标引起的内心搅动不亚于一场烈火。在这场烈火中
能够残存下来的，其实是作画者内心中非常坚定的那个部分，即画面中那
朵血色玫瑰所代表的部分。

玫瑰是一种典型的植物，具有很多层象征含义。玫瑰花象征爱情和真
挚纯洁的爱，是阳光、爱情、和平、友谊、勇气、献身精神和生命的化身。
在古希腊神话中，玫瑰集爱与美于一身。在传说中，第一束红玫瑰就是从
维纳斯的恋人阿多尼斯的鲜血中长出的，因而玫瑰象征着超越死亡的爱情
及复活。也因此，红玫瑰常被与鲜血联系在一起。玫瑰还是慎重、保守秘
密的象征，因为人们相信玫瑰可以解酒，使人不至于酒后泄露秘密，而玫
瑰花茎上的刺，又使玫瑰变成美丽、高贵而又拒人千里的象征。在花的王

国中，玫瑰确实具有较高的地位。在图 28-4 中，由于画面的背景是红色的，而玫瑰是黑色的，这本身就传递出作画者的害怕和不确定感，但整个画面又传递出非常浓烈的情感，玫瑰是经受住烈火的考验之后生存下来的，可谓是浴火重生。这幅画代表了作画者在设定目标时内心冲突的激烈程度。这种情绪的搅动和冲突很难用言语描述，因为作画者自身也没有意识到，在自己的内心翻起的巨浪是什么。但是当这幅画面呈现之后，在惊讶之余，她觉得非常舒畅，因为浓烈的情感被表达了出来，而且这幅画是一个庄严的宣告：不打破原有的桎梏，就无法获得突破性的进展。

如果玫瑰是浴火重生的一部分，那么图 28-3 中的初芽其实是在血色玫瑰之后生长出来的，所以是在废墟上生长出来的新芽，这尤为可贵。这个新芽虽小，但它是真实地成长出来的。与火相对的是水，因为经历过了火，所以对雨露和水分的需求就会特别大。作画者特别画了水滴，还特意提到，滋润对这株植物来说非常重要。图 28-4 中的烈火在这幅画中转化为太阳，成为建设性的力量。我们可以看到太阳也是血红色的，由于被强调和反复描画，它的温暖似乎可以通过纸面传递出来。图 28-4 有明确的层次：绿色的新芽，蓝天和白云，还有太阳。这些层次感其实也代表着作画者的现实感。

我们再从头看一下作画者的几幅画。其最初的迷茫以草原上的草象征：风往哪儿吹，它就朝哪个方向弯下身子。这代表她虽然非常具有生命力，生长得非常茂盛，却没有自己的目标，只能随波逐流，盲目地被生活推着向前走。但是在连续工作坊中，变化开始出现。在第二幅画中，她开始有了自己的目标。那个目标是用极端的、魔力的形式展现出来的，是个对她来说非常不容易的、跨跃性的、有高度和难度的目标。所以她借用了电影中的植物原型来表达这个目标的高远。《米奇和豌豆茎》其实是一部很老的动画片，作画者挑选这部动画片很有寓意：豌豆其实与草形成呼应，它们都是非常平凡普通的植物，体形都非常小，很容易被淹没在同类群体中，一棵草长在一堆草之中，一粒豌豆在一堆豌豆之中，都难以让人将其分辨出来。所以，即使是有了具有魔力的藤蔓，人们仍然可以看到其本体，那粒豌豆是与真实自我联系在一起的。

在涂鸦的时候，作画者表达出内心的激烈冲突：没有目标和有目标，高远的目标和现实的局限。在图画中，作画者用了各种表达方式：如颜色的对比——红与黑的冲突；主题的冲突——烈火废墟和娇嫩玫瑰之间的对比，毁灭与残存之间的对比。然后在她画的第四幅画，即图28-3中，我们就可以看到这些冲突整合为新生的力量。虽然嫩芽很小，生长得很缓慢，但这是经过整合之后的成长，所以是真实而有力量的，是在现实中有可能发生的。它是能够长大的。

作画者开始朝着自己的目标迈出了第一步，就像生长出第一片嫩芽的藤蔓一样，她实现目标的方式可能和画其他树的人不太一样，她有自己的坚韧性，不达目的不罢休。同时她也渴望有外在的支撑力量，就像藤蔓一样，如果有攀爬物就可以攀缘得更高更远，但是，永远向上和永远迎着太阳生长的本性是不会改变的。

**成长·操作**

读完这个成长故事后，你有怎样的感受呢？如果你也处于迷茫中，那你愿意画出"一棵有目标的树"吗？在画出来之后也请你回答之前提出的那些问题，然后，将其与你画的第一棵树进行对比，观察其有怎样的异同。

# 29 伦理守则和理解树木图的基本点

## 帮助他人时的伦理守则

在第三模块中，以个人成长为导向，呈现了对多幅图画的解读，我很担心有一些读者就此认为，自己也可以这样对他人的图画进行解读，所以我在这里重申一下在本书一开始就提到的重要的伦理守则，然后补充一些我认为帮助他人时需注意的重要方面。

一是善行。如果用树木图帮助他人，就要为当事人的福祉而行事，要尊重当事人。

二是无伤害。要避免在操作和解读过程中对当事人造成伤害，即使是无意的、非主观的伤害。如果对他人的图画进行野蛮分析和评价，用审视的眼光看待对方，提一些对方不需要的建议，对一些人来说就意味着伤害。

三是关怀。要基于关怀动机让他人画树木图，基于关怀动机对他人的图画进行解读，而不是满足自己的窥视欲、权力欲、权威欲等动机。如果对方不需要解读，那就请克制自己想解读的冲动。

四是尊重隐私。做到对他人的隐私不窥视、不批判、不评价、不传播。

## 帮助他人时需注意的重要方面

第一，助人先助己。在个人成长的路上，我的经验是，如果一种工具有用，一定是先在自己身上运用，自己掌握了这种工具之后，再去帮助他人。针对树木图这种工具，如果你不能借助它看到自己的内心，又怎么能帮助他人呢？如果不能理解自己的图画，何谈帮助他人？

第二，学习建立清晰的人际边界。不论是解读他人的图画，还是被他人解读自己所画的图画，都要在内心设定一个界限，分清楚哪些是自己的，哪些是他人的。在分清自我和他人的边界后，我们会有更清晰的身份感，拥有更稳定的情绪。有了清晰的边界，我们才更有可能做出自己的决定。

第三，尽可能从发展的、积极的角度去解读图画。我一直强调本书的定位是个人成长类，所以，尽管图画中蕴含着很多可能性，包括从负面的角度理解一些信息，但我个人更愿意从积极的角度出发，用发展的眼光看待这些信息。从来没有任何一个细节携带的全部是负面信息。例如，前面的攻击性，其在建设性的方向上就体现为进取心，而在破坏性的方向上，就体现为敌意和攻击性。

第四，专业的事情由专业的人做。通过这些解读你可能会发现：树木图原来这么复杂！对于树木图的解读有很多需要考虑的因素，而且即使你学会了书中所教的全部内容，当一幅树木图放在你面前的时候，你仍然可能无法解读，因为图画中树的类型或树根的形状，是书中未曾提到的。我曾在前言中指出，图画技术是属于表达性艺术治疗中的一个分支，而表达性艺术治疗是属于心理咨询大家族中的一个分支。所以，对树木图的充分掌握，需要一些心理咨询技术的支撑。在没有掌握这门技术之前，我不建议大家做不专业的解读，或者贸然地用这种技术去帮助他人。

接下来，我总结一下初学者在学习过程中的难点，并且提出一些理解树木图时的基本点。

## 整合原则

每位读者的状态是不一样的，有人刚刚萌生了对图画心理学的兴趣；有人刚刚意识到树木图是复杂而专业的工具；有人会觉得豁然开朗，之前的迷雾现在都消散了；也有人已经学会解读图画的步骤，可以把一幅图画中的细节基本描述出来。能够把图画中所有的信息都捕捉到，这已经非常不容易了。对图画的观察本身就是非常重要的一个基本功。

只是对初学者而言，在目前阶段，即使他们捕捉到了图画中的所有信息，可能仍然停留在对这些细节信息的解读上面，没有办法像在第 23 章到第 28 章那样对图画的整体进行分析。这本身是正常的，只有经过反复练习，才能做到对图画的整体解读。在这里，我给大家提几个建议。

（1）分清主次。不是所有的信息都同等重要。要学会识别最重要的信息。一幅图画可能包含很多信息，我们要区分出重要信息和非重要信息。一个人不可能理解图画显示的所有内容，也没有必要这样做。但是，精准地抓住并理解核心主题是非常重要的。

（2）被作画者反复强调、多次重复的，一定是对其而言重要的细节。这种强调可能是用言语的方式表达出来，也可能用笔触、线条、颜色或图案的方式呈现出来。我们要学会捕捉这些重要信息。

（3）不要因为过于关注某一细节而忽略其他部分，而是要把所有信息整合在一起进行解读。我观察到有些初学者易于把注意力放在图画中吸引自己的细节上面，而忽略其他重要的信息。

（4）不要过度解读。尽管我反复强调不要过度解读，但我还是会看到一些初学者每学习一个特征之后，就马上不加区分地解读自己和他人的图画。这种对局部细节的过度解读会产生一些相互矛盾的解释，也会让作画者迷失在这些解释之中，这时图画便不再是沟通意识和无意识的工具，而成为被评判的对象。

## 动态地理解图画

图画是鲜活的，或者说人的情感、想法和感受是鲜活的、动态变化的。一幅图画被画出来之后，就具有了自己的生命力。例如，第 25 章中那棵长着爱心的树，作画者为其起名为"竖"，当时她的解读是竖着长就是在专业领域里发展。但后来，她却给出了相反的解释：竖着长意味着她到衣食无忧的、自己不是很喜欢的行业中工作，而横着长意味着在专业领域里发展，可以先发展出自己的宽度，而宽度可以决定高度，今后她可以发展成为一个更有高度的人。在这样解释的时候，她同时带着一种悲哀和无助：因为她觉得横着长，这棵树很有可能会死亡！她已经听到过太多在这个专业领域里无法生存下去的悲惨故事。然而，如果竖着长，这棵树又不会长得很大，因为宽度决定了高度。她之所以会改变自己的解释，与她在现实中去面试的单位及拿到的录用通知有关。在现实中，她在原先的行业里拿到了录用通知，如果换到自己喜欢的专业领域，一切要从头开始，收入、地位和前途都不一样了。

即使是同一幅图画，在不同的时间作画者的感受也可能会有所不同。图画本身仿佛是具有生命力的，它既是静止的，又是随着作画者的变化而变化和向前发展的。

## 理解艺术的力量

在读完前几章的成长故事后，有人问我："为什么通过图画工作坊，作画者会发生如此巨大的改变？"我想，这其中有我对工作坊每个步骤的精心设计，因为我清楚知道每一个环节会对应着作画者怎样的心理改变；有我现场带领的效果；有作画者对我的信任；有作画者强烈想要改变的动力。除此之外，还有一个伟大的"他者"一直在场发挥其作用：艺术。

艺术永远拥有凌驾于人类之上的力量。这是一种象征性的力量，用艺术的方式呈现言语不能够承接或承载的感受，也是一种促成联结的力量，一种净化的力量。

艺术让人们更有创造力。在上述成长故事中，你会发现，随着工作坊的进展，作画者的创造力也会被激发出来，通常越往后，图画的视觉效果越佳，仿佛每个人都是艺术家。事实确实如此，每个人天生都是艺术家，只是很多时候我们忘记了自己的这个天赋。在图画工作坊中人们的艺术天赋被唤醒，其创造力可以尽情地展现出来。我在工作坊中经常看到人们一旦开始画画，就无法停住，有时候内在的情感会喷涌而出，图画便仿佛是自动跳到画纸上一般。就像在第27章中那位作画者讲到的，她也不知道自己如何画出那棵彩色的柳树一样，感觉那棵柳树神奇般地自己长到了纸上；同时也像在第38章中作画者讲到的，她也不知道那朵血色玫瑰如果出现在了纸上，就像那朵玫瑰是从画笔上自己跳出来的一般。

至此，我们可以发现：艺术能够绕过人们的防御，让人们看到栖息在防御背后的心灵。有时候它可以在人们的防御水平上出现，不用知道事实性的信息，就可以让人们了解自己真实的感受。

我还想说一点：图画不会撒谎。所有的图画都是真实的。它可能反映的是当下或过去的某一部分，虽然不是全部，但它是真实的。而有勇气面对真实自我的作画者，更有可能接收到这些真实的信息。

**成长·操作**

请你把自己之前的图画和反思全部翻看一下。你是否有任何新的发现或心得呢？你可以将其补充写在原反思的后面，也可以在一张新的纸下写下来。如果你有想画一张新的整合图画的冲动，那也很好，你可以发挥自己的创造力和想象力进行创作。

第四模块

# 树木图的延伸和拓展

第四模块是本书的最后一个模块。本模块将对树木图的技术予以延伸和拓展，创意性地运用在多个主题和多种活动中。我们既可以一个人画，也可以多人画；既可以画一棵树，也可以画多棵树；既可以画反映个体心理的树木图，也可以画反映家庭状况的家庭树木图；既可以画出四季的树，也可以延伸为画植物图。你可以充分发挥自己的创造力和想象力，想出适合自己的方法。

# 30 人际互动：树木图的 N 种多人用法

本章重点介绍以下两个内容：如何创意性地运用树木图；如何在团队活动中运用树木图。

## 创意性地运用树木图

探讨创意性地运用树木图，可能会用到团体心理辅导的基本技巧，需要根据活动的目标、参与者的特点、拥有的资源对活动进行设计。树木图可以是运用在不同性质的活动中的一个很好的工具。

### 活动的目标

活动的主题和目标是活动的灵魂，所以，一定先要明确通过这个活动要达到怎样的目标，然后才能进行活动设计。我经常会遇到有些学员问我："我可以把这个树木图的活动用在团体活动中吗？"在回答这个问题之前，我通常要反问对方一个问题："能不能告诉我你的活动的目标是什么？你要通过这个活动达到怎样的效果？取得怎样的结果？"结果很多人回答不上来，这就陷入一个非常大的误区：为了做活动而做活动。

所有的活动都有其希望达成的目标。如果你不清楚活动的目标而盲目地做活动，就像没有灵魂的躯体在走动，可能人们也参与了、开心了，但是具体的收获便只能靠每个人自己去领悟，带领者本人并不清楚这一点。

这样的活动是不专业的。带领者自己一定要清楚活动的目标。

### 参与者的特点

参与者的特点是指参与者的年龄、性别、身份或职业、在心理情绪和行为上的特点等，当然也包括参与者的人数。不同年龄的群体，其身心特点也不一样，在设计树木图的时候，可能在难度设计、提供材料以及采用的活动方式方面就会有所不同。例如，给小朋友设计的树木图活动与给成年人设计的就不一样。小学生的活动就要更具动感，节奏要更快，指导要细致，而给成年人设计的活动，更重要的是画完之后的反思。如果给小朋友提供了美工刀、剪刀等材料，在开始之前一定要进行安全告知，并且示范画图工具的正确使用方式。

### 资源

资源包括时间、场地和物料资源。例如，活动是在什么时间进行，是在一天刚刚开始的时候，还是在人们要下班的时候，时间点不同，人们的精力状态就不同，活动的内容就要不同；活动持续的时间，40分钟的活动和4小时的活动在方案设计上完全不同。此外，活动空间是在室内还是在室外。如果室内空间足够大，也许在开始画树木图之前，可以做一些身体热身活动，但如果场地很小，人们只能坐在那里，那就不能用站起来做身体活动的方式热身。另外，还会有物料资源，是否有可以放PPT的投影，是否有一些软垫，是否可以播放音乐，有多少经费用来买材料：是用A4白纸、铅笔、橡皮，还是提供油画棒、彩铅、水粉纸或素描纸等；提供多大的纸张，每个人几张等。

只有全面而充分地考虑了以上所提到的要素之后，才能谈如何创意性地使用树木图做活动。树木图既可以做个别活动，如在心理咨询中一对一地展开；也可以做团体活动，如培训活动、主题班会、社团活动等。当然，还有很多其他用法，如可以画彩色的树，或者两个人一起画树，或者团队合作画树，或者画家庭树，或者画四季的树，甚至可以拓展到画不同的植物。在前文中我讲的都是一个人画树木图，接下来我要讲在团队中，两个人或更多人如何一起画树木图。

## 树木图用于人际互动的活动中

我们先来讲两个人一起画树的活动，两个人一起画树是为了在团队中增加成员彼此之间的了解和信任，而且采用的方式是两个人一组的方式，这在时间上更容易控制。

两个人一起画树有很多种方式，一种是两个人轮流画，还有一种是两个人同时画。在这样的活动中，提供的画材可以因地制宜，按照拥有的资源来提供，可以提供打印纸，也可以提供素描纸、水粉纸、水彩纸等质量更好的纸；可以提供 A4 大小的纸，也可以提供更大尺寸的纸。画材可以是铅笔、橡皮、水彩笔、彩色铅笔、水粉、水彩等，可以根据团队成员的状况来决定材料的使用。

通常在开展此类活动时，我都会设定一条规则，两个人之间不能讲话。所以设定这样一条规则，是基于以下几个方面的考虑。第一个，增加双方不用言语进行沟通的机会，从而增进彼此的默契度。第二，使人们能够安静下来，更多地关注自己的内在，打开心理空间，让右脑和左脑能够协同工作。我们大脑的左右两边有不同的分工。右脑的功能是感性直观思维，这种思维不需要言语的参与，如我们画画的时候、听音乐的时候，就是右脑在工作。左脑的功能是抽象概括思维，需要借助言语和其他的符号系统。当我们说话、写字、运算和分析的时候，用的都是左脑。当我们在安静地作画时，就允许右脑更好地工作，心灵内在的空间也就被打开了。

在展开这样的活动时，带领者可以在过程中观察参与者的状况。在绘画完成之后，先让两个作画者进行交流，然后进行团体的分享。最后带领者可以做总结。

## 两个人画的树

在这里我举一个两个人作画的例子，请大家看一下图30-1，这是两个人轮流创作的一幅树木图。从这幅图画中你看到了什么？你觉得这像一个人画的还是两个人画的？

这幅图画看起来像一个人画的，因为它整体上非常和谐，我们找不到画面中非常突兀的、不和谐的部分。能够共同创作出这样作品的两个人，表明彼此的配合度很高，相互之间的了解程度也非常高。

图30-1

如果仔细观察作画的过程，两个人的角色就会一目了然。我们姑且将第一个开始作画的人称为甲，将另一个人称为乙。乙把笔递给甲，示意甲先动手。甲没有推辞，立刻动手画，她第一笔就画出了树干。第一个动手画的人通常需要具有一定的勇气，因为落在白纸上的第一笔往往决定了画面整体的布局。甲的第一笔直接把树干画了出来，也表明甲其实具有一定的自信心，愿意承担这个责任，确定整幅图画的基调。轮到乙作画的时候，乙直接画了树冠，这表明其认可了甲前面的工作，在做甲也会做的事情，所以两个人整体的配合度很高。

接下来的顺序是，甲继续画树枝的部分，乙画花朵；甲给花朵里面补充了花蕊，乙为树干做了一些装饰；甲开始在树冠里面涂上绿色，乙也开始把树冠内部涂上颜色，但用的是不同的颜色，使整个图画更有层次。接下来，甲继续描画树枝的细节，乙找来了水、笔和海绵，开始用海绵蘸水，把树冠中间的绿色晕染开。甲也模仿了乙的动作，把剩下的树冠部分涂完。乙开始涂花的部分，甲画了一些正在往地上飘落的花瓣，整个画面显得更生动了。乙画了地平线，甲给地平线加了装饰。

在图画完成、两个人进行分享的时候，乙对整幅作品表示非常满意，而甲则说还是有一点遗憾，遗憾的部分是那个花的样子和颜色不好看。乙非常惊讶地说："那为什么你不画自己喜欢的样子和颜色呢？"甲说："我这是为了配合你，因为你已经画了花，我不想一棵树上有两种不同颜色的花。"我们可以从中看到，甲有一种顾全大局、委曲求全的风格。乙是第二个作画的人，但在作画的过程中，其实乙充当了领导者的角色，是她决定了甲先画，是她决定了这棵树树冠的形状，是她决定了这棵树成为一棵开花的树，也是她决定把这棵树做出水彩效果。而甲是一个比较好的服从者、帮助者和跟随者，同时也保留着做决定的果敢和权利，她也具有成为一个好的带领者的潜质，只是她不主动表达自己的感受，这可能会妨碍他人及时了解其真实的想法。

但从整体上来说，我们可以看到这两个人的默契度，她们合作得非常好。在今后的团队工作中，这两个人是可以组成搭档一起工作的。

## 多人一起画树木图

上文介绍的是两个人一起画树木图，接下来我们看一下多人画树木图的活动。在第 6 章中我介绍过一种方法：在每个人画完自己的树后，让所有人拿着自己的图画，在全场找和自己画的树相似的人，让画相似的树的人相互认识。通常画相似的树的人，其人格特质也会有相似点，他们很容易发展成为好朋友。

另外，如果团队已经发展到比较成熟的阶段，可以通过合作画树的方式增加团队的默契程度，让团队中更多的张力能够表现出来。

通常这个时候提供的画纸要比较大，6～8人的团队可以提供1K的纸。如果是由20～30人组成的比较大的团队，可以把1K的纸粘贴在一起，做成一张更大的画纸，或者直接购买更大尺寸的纸张。这个时候提供的材料通常有水粉颜料、丙烯颜料、水彩颜料等。如果是提供油画棒，就需要提供多盒油画棒，方便大家可以取用。作画的规则可以由带领者提出。如果是1K的纸，我的规则就是团体轮流作画。一个时间只有一个人在上面作画。但是，如果团体的人数较多，而且提供的画纸也非常大，则可以采用多人同时作画的方式。当然，如果人数太多，可以分批轮流作画。

在画完之后，先在小组内部进行讨论，然后整个团队再一起讨论：作画过程中发生了什么？在作画过程中，看到了什么？听到了什么？做了什么？感受到了什么？最满意和最不满意的方面是什么？通常完成这样一幅作品，对团队来说是一个非常好的礼物。一方面，有一个被大家共同创作的作品可以成为团队的纪念或者是共同努力的见证。另一方面，在作画过程中出现的相互帮助、相互支持，还有暴露出来的种种矛盾，都可以进行讨论。团体带领者可以在此过程中，强化一些已经呈现出来的积极品质，如非常暖心的动作，被别人看到、共感到，同时，也可以针对团队暴露出来的一些问题，引导大家讨论如何可以做得更好。

图30-2就是由一幅团队合作完成的作品。提供的材料是1K的白纸、油画棒。给队员们的规则是：不能说话；每个人选择一个固定的颜色；轮流做画。最后完成的作品体现出团队的默契程度比较高，在构图上呈现了远景、中景和近景的透视效果，具有比较宏大的视野。图画中也没有出现

不和谐的元素。

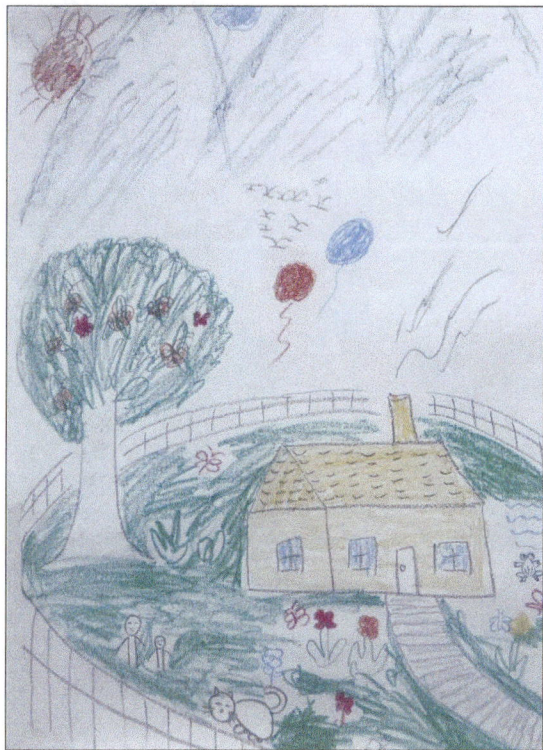

图 30-2

**成长·操作**

在读完本章后，请你和小伙伴一起画一棵树。

指导语是：在不做言语沟通的情况下，你和同伴一起完成画树的任务。使用的材料可以是铅笔、橡皮、A4 白纸，也可以像图 30-1 那样，使用水粉颜料、水粉笔、8K 或 4K 的水粉纸。

# 31 家庭树：折射家庭成员的心理关系

本章重点介绍两个内容：家庭树木图的操作和注意事项，以及对两幅家庭树木图的解读。

## 家庭树木图的操作和注意事项

在什么时候会用到家庭树木图呢？当个体想要深入探索自己和家庭成员的时候。

### 指导语

家庭树木图的指导语是：请用树代表你和你的家庭成员，画出家庭树木图。

从树的种类、大小、位置、构图、附属物等及作画者本人的解读中，我们能够得到关于作画者如何看待家庭成员及其相互关系的信息。

### 注意事项

由于这个主题可能会涉及比较深的部分，如果当事人不愿意画，就不要勉强，即使是在心理咨询中，也需要咨询师和来访者建立稳定的工作联盟之后，再进行这个主题的图画探索工作。

如果当事人画完之后不愿意说和图画有关的任何信息，也要允许作画者保留这样的权利和自由度。我们可以把图画保存起来，直到时机成熟或者作画者愿意分享时再分享。

如果是在团队中进行活动，活动之前要制定团队规则，其中包括保密原则。

即使制定了保密原则，也要非常小心谨慎。如果当事人不愿意画，要尊重当事人的决定，不要勉强，更不能强迫对方一定要画。

在分享环节，要提前告知规则，如果有人不愿意分享，完全可以不参与分享。

## 家庭树木图的解读

接下来我们以两幅图画为例，具体展示如何对家庭树木图进行解读。我们一起看图 31-1。你从这幅画中看到了什么？在画完这幅画后，作画者说："最左边的树是爸爸，中间的树是妈妈，最右边的树是我。三棵树的树冠形状和颜色都各不相同，这三棵树生长在广袤温暖的大地上，所处的季节是春天。"

这幅画的构图非常特别，我们从中可以观察到很多信息。这是一个核心家庭：三口之家。妈妈是家庭中的核心成员，所以她的位置被画在了中间。但是从整体的树形来看，代表妈妈的树是最小的，在作画者的心目中，

图 31-1

在某种程度上，妈妈是家庭中能量最低的人，或者说在某些方面是能力最低或地位最低的人，但妈妈却是联系家庭的最重要的纽带。

　　妈妈树在位置上最靠近爸爸树，所以在关系上妈妈和爸爸更亲密。但是，妈妈树的树冠形状非常特别，整个树冠像一只手，左边的树冠短，右边的树冠长，仿佛向右边伸出了手，想碰触右边的树，好像妈妈在情感上和作画者更亲近，对作画者有很多的照料、关爱和呵护，对爸爸则没有那么多情感投入。

　　然后，我们再来看左边代表爸爸的那棵树，树干是粗壮的，代表爸爸的稳定和可靠。但是，爸爸树的树冠左右是不对称的，左边的更大，右边的好像被削掉了一部分。当问作画者画这样的树冠出于什么考虑时，作画者的联想是："爸爸经常不在家，对家庭没有那么多付出。爸爸的工作和他的朋友好像比家人更重要，爸爸经常不打招呼就加班或者在外面应酬。"右边像被刀削掉的树冠其实代表作画者感受到爸爸在家庭中的缺失。在她的心目中，爸爸的位置好像缺失了一块，可能她的心里也对爸爸有些埋怨，觉得爸爸对这个家庭付出得太少，没有把自己和妈妈放在最重要的位置上。

　　我们再来看右边代表作画者的这棵树，它是三棵树中最茁壮的，这棵树蕴含的生命力也是最强的。这棵树的树冠不仅在三棵树中最大，而且用了黄色和绿色两种颜色画出来，颜色十分鲜亮，给人的感觉更加生机勃勃。树还在开花，代表作画者感受到了生命力和美好。作画者当时刚刚参加工作，但在她的感受中，她已经是家庭中顶天立地的人了，而且在某种程度上是一个独立自主的个体，与父母有一定距离。让她非常惊讶的是，通过图画，她发现自己居然被画成了家庭中最重要、最有能力、最富有生气的人。尽管她自己还没有意识到，但在她的潜意识里，她已经准备好承担起这份重任，成为家里的顶梁柱。

　　从整体来看，这幅画处在比较和谐的背景中。画面中的小草连接了整个画面，从树干的颜色和形状上能看到三棵树相通的部分，树干的形状接近，但粗细不同，在颜色上具有相似性，但同时又有所区别，在和谐温馨中又保留了个性。三棵树既彼此独立，又相互支持。图画中的那只蝴蝶，非常精致和美丽，飞舞在两棵树中间。蝴蝶在某种程度上也代表了作画者。她希望能够像儿时一样在父母身边，但同时她又意识到自己现在的身份是一个成年人。她具有双重的角色：既是父母的孩子，又是一个成年人。作画者拥有一个成年人成熟的爱：爸爸和妈妈并不完美，可是我依然爱他们！

接下来我们一起看图31-2，从这幅画中，你看到了什么？

画面的正中央是两棵很大的树，右边有一棵小树，在背景中还有几棵小树。你是不是认为右边的那棵树是作画者自己呢？第一眼看到这幅画的时候，我也是这样想的。但是作画者说："左边的树是爸爸，右边的树是妈妈，而我则是那只盘旋的

图 31-2

小鸟。其他的树是我们的亲戚。"她说："这两棵树是常青树，四季常青，枝繁叶茂，长在大山里。"

作画者把自己比作小鸟是非常独特的一种画法。我们可以看到作画者的矛盾心态，一方面她非常眷恋父母的庇护，所以在两棵树之间有一个鸟巢，代表父母的树被画得顶天立地，显得非常苗壮、十分有力量，可以遮风挡雨、提供庇护。这是孩子眼中父母的形象，父母不只被理想化，甚至被神化了。但另外一方面，这只小鸟是要离开鸟巢出去觅食，小鸟会有独立的一天，小鸟渴望飞到新的天地和世界中。所以作画者在依恋家庭和寻求独立之间比较矛盾。鸟在画面中处于中间偏下的位置，所以盘旋在两棵树之间，而不是更高的天空中，表明作画者目前还处于父母的庇护之下，

213

还舍不得远离父母。作画者是一名大学生，尽管她已经是成年人，但是在图画中她表达出来的对父母的感受，仍然像孩子一样，对父母非常依恋，依赖父母的关心和照顾。小鸟处于大树的庇护之下，好像还没有准备好飞到更广阔的天空中去。

作为一个成年人，对家庭如此依恋，这有可能是作画者的个性特点，也有可能是家长和作画者之间的共谋，从树的画法上我们可以看到，父母会为作画者提供非常多的照料。代表父亲的那棵树，树干非常苗壮，树冠也非常繁茂。代表母亲的那棵树非常富有生机。树越大，就将鸟衬托得越微小。所以小鸟就不用承担什么责任了。父母像手臂一样的树冠，共同托举着鸟巢。作画者也觉得自己是父母最疼爱的宝贝。可能父母并不鼓励孩子独立，也很少给孩子机会，让她独自探索外面的世界。所以父母和孩子共同促成了现在的局面：孩子被过度保护，成为一个恋家的人，走不出去，无法成为一个独立的个体。

从整个画面来看，作画者感受到的人际环境是友善的、积极的，她与环境的互动是良好的，和周围人能够友好相处。

至此，家庭树及其折射出的家庭成员的心理关系介绍完了。你可以看到，从作画者所画的树木的数量、类型、大小、颜色及其本人的解读，可以很快了解到作画者如何看待家庭成员以及家庭成员之间的关系。

**成长·操作**

请你画出你的家庭树木图，指导语是：请用树代表你和你的家庭成员，画出家庭树木图。使用的材料可以是铅笔、橡皮、A4白纸，也可以使用水粉颜料、水粉笔、8K或4K的水粉纸。彩色会提供更多情感方面的信息。画完之后请你将自己对图画问题的回答写在图画背面。

# 32 通过不同的树，看到多个人格侧面

本章的主题是如何通过不同的树，看到多个人格侧面。本章共分为两部分：第一部分介绍画不同树的具体方法；第二部分以两幅不同的树木图为例进行解读。

## 画不同的树

画不同的树，最早是法国心理学家斯托勒（Stora，1963）发展出来的。斯托勒让作画者画四幅画。其标准程序为：准备好四张 A4 白纸，削好的 4B 铅笔，但不使用橡皮、直尺和圆规。

第一幅画的指导语为：请按照你的想法，画出一棵树，不要画松科的树。

当作画者画完第一棵树之后，把这幅画收起来，然后再给作画者一张 A4 白纸，并且给出第二幅画的指导语：请按照你的想法，画出一棵与之前所画的树不同的树，不要画松科的树。

作画者在画好第二幅画之后，再次给作画者一张 A4 白纸，并且给出指导语：这次画梦中的树，也就是想象中的、于现实中不存在的树，请按照你的想法来画。

在作画者画完第三幅画之后，最后再给他一张 A4 白纸，并且给出指导

语：这次请闭上眼睛，随意地画出一棵树。作画时请完全闭上眼睛，完全不要睁开。

在斯托勒看来，第一幅画表现的是作画者与不熟悉的环境或不认识的人之间的互动；第二幅画表现的是其与身边的环境或熟悉的人之间的互动；第三幅画显示了作画者未被满足的欲望和倾向；第四幅画则表现了作画者未整合的过去的经验。

我们在前文中也讲过，单幅图只能透露作画者某方面的人格特征，而多幅图画能够帮我们观察到作画者比较稳定的、在某个方面的模式。所以斯托勒的方法就有可能让我们从多个层面了解作画者不同的人格特点和心理状态。

接下来，我们就以同一个作画者的两幅图画为例进行解读。

## 对不同的树的解读

这是一位刚刚走上工作岗位的女性所作的画。我的指导语与刚才斯托勒的指导语是一样的，但根据活动目标，我只让她画了两棵树。我们先来看她画的第一棵树（图 32-1），你从画中看到了什么？能否运用我们之前讲过的树木人格图的解读方式，对这幅图画形成一个大致的印象？

图 32-1

我们可以看到，作画者是以纸的下边缘作为地平线来画的。这棵树是一棵大叶树，树干比较细的，整棵树略偏左，整体构图比较合理。在画面中除了树之外，没有其他任何附属物，比较简洁。作画者从整体上展现的是积极的、比较友善的一面。

作画者是怎样描述这棵树的呢？作画者说："这是一棵小树，我在画的时候感觉它有一些憔悴。它处于春天刚刚发芽的状态，生长的地方是树林。如果要给这幅画取名字，那就叫'小树'。这棵树有枯萎的地方，是在右边的树枝上面。因为被雷劈过，所以整个树枝都烧焦了。但是，现在这根树枝开始发芽了。这棵树不开花，也不结果实，但是它的叶子可以食用，尤其是春天刚刚生发的树叶特别好吃。"当作画者被要求编一个故事的时候，她说："这棵树长在树林里，但它是孤零零的一棵树，生长在树林的边缘，给人一种荒芜感。树林的土质不太好，整个环境也不太友好，所以树干长得细细的。在某个冬夜，这棵树被雷劈过，但被雷劈过之后，这棵树的树叶更好吃了。这棵树一直在茁壮成长。"

如果按照斯托勒的理论，第一幅画表现的是作画者与陌生环境或不认识的人之间的互动，那么这幅画就可以解释作画者在与陌生人交往或者进入新环境时，持观望、等待或游离的状态，不愿意处于众人的焦点之中。在她的故事中，她让这棵树生长在树林的边缘，而且她还说到，整个环境不是很友好，这可能和她对环境的感受有关，她没有受到邀请，没有被友好对待，没有得到热烈欢迎，这也和她的等待、观望，甚至有些退缩的模式有关：她越走到边缘，他人越有可能忽略她或者不主动邀请她。她还提到树干细、土质不太好，这代表了她对环境的感受：无法为她提供成长需要的养分，这个环境不适合她成长。联系到她刚刚走上工作岗位的现实，这可能是真实的：这个工作岗位可能不是很适合她，但也可能事实并非如此，只是她的主观感受如此，只是她在从一名学生成为一名工作者时的不适应，或者只是她在这个过渡阶段的感受，并不能代表她在其他阶段中的感受。

她提到了雷击事件，我们不清楚具体的事件，但是可以从中看出，这可能是一个挫折或不太愉快的经历。树枝又发出新芽，这代表她已经从事件中恢复过来。这个经历尽管不愉快，但是带给她反思，让她有收获，让她对环境有更现实的认识。作画者用了一个象征性的说法："被雷劈过之后树叶更好吃了。"这个部分代表了她从这个事件中总结并吸取了有益的经验教训，然后促使她从整体上有了更大的发展。

叶子好吃这一点也非常有特点。通常，很多树都是用形状、花儿和果实展示自身的特点。而叶子好吃的树不是用外在形式来展现自己的优点和用途，人们只有近距离地接触它，甚至与它发生实质性的互动之后才能知道叶子可以食用。这代表与其深度交往之后的人才会发现："啊，原来你是一个非常有内涵的人，你非常有思想，值得深交。"但是，若远远观望或者只是点头之交，人们并不能了解到这一点，就像人们如果只是从这棵树旁路过，则不会看到或想到树叶很美味这一点一样。这表明该作画者在陌生的环境中非常低调，不主动展示自己，也不会主动彰显自己的优点，但她可能是一个有内涵的人，只有深交之后他人才会发现她身上的闪光点。

我们再来看图 32-2。当你看到这幅画的时候，你会有怎样的感受？你会相信这是同一位作画者画的吗，而且两次作画的时间相隔只有几分钟？很神奇，对不对？

从这幅画中，我们可以看到一棵树干特别粗壮的树，而且树上开满了花，整个画面落英缤纷。作画者描述说："这是一棵很大的树，是枝繁叶茂的大树，能够给人们提供阴凉。树生长的季节是在春天，树生长的地方是在公园的草地上。这棵树的名字叫'花树'。它没有枯萎的地

图 32-2

方，会开花，但是不结果实。它开的花是比玉兰花的花形稍小的花，但花形仍然很大，花瓣很强壮，也很好吃。"当请她给这棵树编一个故事时，她说："这曾经是一棵小树，后来长成了大树。在大树下发生过很多事，有人会到大树下来野餐，有人会在大树下表白，还有人在大树下分手，这棵大树就一直默默地看着这些事情发生。公园的管理人员曾经认为这棵树太大，想把它修剪一下。但是，大家阻止了这件事情，因为他们喜欢这棵大大的花树。后来，由于扩建，公园越变越大，逛公园的人也越来越多，他们有的拉二胡，有的跳广场舞，还有的打拳，本来安静的公园变得吵闹起来。"

在听完作画者讲的故事后，你是不是也发现这棵树与第一棵树所处的环境完全不同？如果按照斯托勒的说法，第二棵树表现的是作画者与身边的环境或熟悉的人之间的互动，那么我们可以从中看出，作画者与熟悉的人交往或者处于熟悉的环境中时，其互动模式和与陌生人交往或者处于陌生的环境中时完全不同。在熟悉的环境中和熟悉的人面前，她就会变得非常有魅力，可以将繁盛的花呈现在人们面前，她可以真实地展现自己的实力。所以这棵树的树干是粗壮、巨大的，还开出了很多花，而且飘落的花形成了非常美丽的、带有浪漫气息的氛围。我们可以看到，在熟悉的人面前，她会更成熟，更有力量，更有能量感，并且她也喜欢和他人待在一起，不像之前的那棵小树——孤零零地生长在树林边。在第二幅画中，她在周围的环境中更有融入感，所以树的周围就有很多热闹的事情发生。而且，她对自己受人喜爱这一点也充满了自信。她在自己编的故事中提到，公园管理人员想修剪这棵树却被人们阻止了，其实也代表了她对自己充满了自信，相信自己很受欢迎。所以，在第二棵树中，作画者表现出更多的自信，也体现出其对环境更具有掌控力。

不过，我们仍然可以发现两棵树的共同之处。例如，它们都喜欢以观察者的方式存在于环境中，长在树林边上的树通常会观察到更多树林外边的事情，也更警觉，更有可能充当哨兵的角色；在第二幅画中，作画者特别提到，这棵"花树"见证了身边的很多事，这就是一种观察者的角色。另外，对这两棵树，作画者都提到了好吃，一个是叶子好吃，一个是花好吃。这个部分就特别强调了只有在近距离的交往中作画者才能够展现出自己的优势或最有特色的部分。那些和她擦肩而过的、只是点头之交的人无法领略到她内在的美丽和魅力。在为人处事上低调、不彰显自己，这应该是作画者非常典型的人格特征。

除了斯托勒的解读方法外，我觉得这两棵树还可以从另外一个角度进行解读：越是后面画的图画，越接近作画者自我意识中更深的层次或潜意识的部分。当只有一幅画的时候，我们可能只看到一个表面的、社会的自我，后面的图画更有可能让我们看到作画者真实的自我。从这个意义上讲，作画者其实是一个热情、友善、有实力、有内涵的人，但从表面上看，她可能是一个低调、退缩、不主动的人，虽然她对他人是友好的，但只是被动地表现自己。对这个作画者来说，只有在环境非常安全的时候，她才能够自如地表现出真实的自己，才能够彰显自己本来的魅力。她对环境的变化非常敏感，对新环境的适应是"一看二慢三通过"，即需要更多的时间。

至此，你已经了解了如何通过不同的树看到多个人格侧面。可以看到，这个作画者在不同的环境中，会有不同的特点呈现出来，她可以发展出更自信的部分，彰显自己本来就有的能力和风采。

**成长·操作**

如果你愿意，也请你画两幅不同的树木图，当然，如果有足够的时间，你可以按斯托勒的指导语画四棵树。画完并且回答完问题之后，你可以把这些树和自己之前画的树进行对比。

# 33 四季的树：寻找最适合自己的节奏

本章重点介绍两个内容：一是介绍四季树的实施和指导语；二是以具体的图画为例介绍四季树的解读。

## 活动的实施和指导语

画四季树的指导语是：请在四张纸上分别画出四个季节的树。你可以先画任何一个季节的树，画完之后再换一张纸画另外一个季节的树，直到将四个季节的树都画出。

通过四个季节的树木图，我们可以了解哪些信息呢？在第 14 章中我介绍过四季的含义，即四季可以用来表明人们的生命发展阶段。通常，春天代表童年，夏天代表青少年和青年，秋天代表中年，冬天代表老年。四季也可以用来表达人们心理层面的发展状态。春天是萌芽生发阶段，夏天则是生机勃勃阶段，秋天是收获丰收阶段，而冬天则是休养生息阶段。四季还可以代表事物或事件发生的阶段，还可以代表作画者对生命能量的感受。

此外，我们还可以增加更多问题，让这四幅图画揭示出更多的信息。例如，我们可以问，在这四幅图画中，你觉得最能代表自己当下状态的是哪一幅？我们在第 2 章中曾讲到的画完树之后要问的问题，对四季的树也都完全适用。此外，作画的时候也要记录一下作画者是按什么顺序来画四季树的，先画的是哪个季节的树，后画的是哪些季节的树。

## 四季树的解读

接下来我们就看一个作画者的四季树，看一下能从四季树的图画中观察到哪些信息。

我们首先看作画者画的第一张图画，即图33-1，你对这棵树的整体印象是怎样的？你能猜到这是处于哪个季节的树吗？整棵树非常茁壮，树干非常粗，树冠要溢出纸面，在左边、上面和右边都被纸的边缘切断，所以，这是一棵非常大的树。这是作画者画的第一棵树。作画者说："这是一棵夏天的树，这是一棵简简单单的树，生长在我的老家，树越大越好。"他还说："这是一棵枝繁叶茂、壮硕、可靠的树。"

图 33-1

夏天是树木生命力最旺盛的时候，作画者的第一棵树画了夏天的树，而且特别提到这是老家的树。这幅画给我的印象是，作画者从自己生长的地方源源不断地汲取能量和力量，无论他走多远，家乡都在给他提供最重要的力量源泉。家乡所提供的力量和能量似乎也是源源不断的，能够让代表他的这棵树长得枝繁叶茂，所以我们从中可以看到，作画者是一个眷恋故土的人，有对家乡的传承，对来自家乡文化的眷恋。所以，在树的根部，他用笔涂了一些线条，这也代表了他对家族、对故土深深的眷恋。

接下来我们看图 33-2，在这幅画中你看到了什么？作画者介绍说，这是河边的一排柳树，是他大学校园里的柳树。季节是春天。这排轻柔而带有绿意的柳树呈现出春意盎然的景象。这幅画让他想到柳叶飘飘，春天也给人一种特别舒服的感觉。

我们可以看到画面上有四棵柳树，而不是单独

图 33-2

一棵树。树与树之间的关系折射出人与人之间的关系。所以在大学里，他和同伴的关系是非常重要的一个主题：他拥有来自同伴的支持。生长地点我们也讲过，靠近水源经常与被滋养有关系，所以作画者在人际关系方面很和谐。在被滋养方面，作画者在情感、知识方面都得到了滋养。

有人可能会注意到柳树是斜着生长的，似乎从画面的左上到右下形成一个对角线。如果按照空间方位的心理学解读，在左上和右下这个对角线领域，刚好是从冲动的、本能的，对土地眷恋的乡愁的领域到作画者的现实生活中的、被动的领域里。所以这可能也是其大学时代的主旋律。

接下来我们看图 33-3，你对这幅画有怎样的印象？我们从这幅图中可以看到很多树，而且树

图 33-3

干是偏红褐色的。作画者说，这是他见到的上海秋天的树，风已经把大部分树叶都吹掉了，树林里的树叶都枯了，只剩下一点点叶子挂在枝头，随风摇曳，给人感觉非常冷清。作画者一直生活在亚热带地区。在来到上海的第一个秋天，他非常吃惊地发现，秋天居然会有这么多树叶掉落在地上，他画出的是上海常见的梧桐树在秋天冷清的样子，这可能和作画者刚刚到上海的感受有关。他不仅觉得上海的树是冷清的，可能他感受到的环境、在与他人打交道的过程中整体氛围也是冷清的。

这棵树的生命力好像没有那么旺盛。我们在前面也讲过，树叶的飘落和凋零，往往和对家的思念相关联，和生命力没有那么充沛相关联。在这幅图画中，树的树枝是多余的，树叶的部分伸向天空，好像不知所措，线条看上去有一些凌乱，也可能代表作画者对自己生活的感受是杂乱、凌乱的。

接下来我们看第四幅画（图33-4），从这张图画中你观察到了什么？作画者描述说，这是冬天掉光树叶的树，白色代表雪，掉光树叶的树上有积雪。这是他在上海的冬天见到的情景，他是第一次看到这样的情景，他对树的形容是冷清、脆弱、没落。他给树取的名字叫"覆盖旧雪的树"。

图 33-4

从图画中我们可以看到很多树，但是每一棵树似乎都面貌不清，有很多雪覆盖在上面。这些树看上去处于休眠状态，没有生命力。我们在讲树的类型的时候也曾提到，掉光叶子的树，露出来的是自己真实的样子，它体现了树本身的真实性，但也让人看到树的脆弱性。作画者用这样的图画表明自己在适应这个城市的过程中感受到脆弱、没落和冷清，生命力也没有那么活跃，而是处于积蓄力量的状态。

当被问及愿意用哪棵树来代表自己当下的状态时，作画者回答夏季的树。因为他现在处于发展的阶段，刚刚在上海工作，他需要了解这个城市，适应这个城市，适应新的工作岗位。春季的树也就是图 33-2 的那棵树，是他心目中最理想的状态。那棵树长在大学校园里有很多同伴，有水滋养，表明他非常渴望获得环境的支持以及人际的支持。他也渴望自己能再积蓄更多的能量，有更大的发展，能够迅速成长。

如果从整体上看这四幅画，我们可以看到，在后面三幅画中，作画者都是画了不止一棵树，所以，人际关系、同伴关系对他来说非常重要。只有第一幅画在家乡的那棵树，是一棵独立的、非常壮硕的树。对作画者而言，人际关系一直都非常重要，而只有和家乡联系在一起时，他才会拥有自如感和自信感。或者按照我们之前讲的斯托勒的四棵树的画法，他可能更希望自己成为一棵顶天立地的巨大的树，但是真实的他可能只是芸芸众生中一个平凡而普通的人，这两者之间有一定的冲突和矛盾。可能他一直朝成为理想中的自己而努力，但发现这与现实自我是不相符的，具有一定的困难。

从以上四幅画可以看到，对这个作画者而言，最适合他的生活方式是要在社交和人际上有足够的社会支持网络，他也非常愿意大量地汲取知识的能量、情感的滋养，但可能他适应环境的节奏比较慢，所以需要给自己更多的时间和空间。从后面画的掉光树叶的树和落满雪的树，我们可以看出在当下的环境中，他感受到的滋养和支持是不够的。

**成长·操作**

请你画出自己的四季树。指导语是：请在四张纸上分别画出四季中一个季节中的树。你可以先画任何一个季节的树，画完之后再一换张纸画另外一个季节的树，直到四个季节的树全部画出。画完之后，你可以回答第 2 章中的问题，按照前述的内容对自己的角色进行解读。

# 34 植物图：了解内心真实的自己

树木图还可以拓展为植物图，通过植物图也可以了解内心真实的自己。在本章中，我会介绍两个内容：一是植物图的目标和实施方法；二是通过两幅图画来展示如何解读植物图。

## 活动目标和实施

我在本书中介绍的树木图其实是植物图中的一种。在第 4 章中介绍过树在很多方面能够象征人。

除树之外，大自然中还有各种各样的植物，之所以让作画者画植物图，其实是给予其更多选择，让他们可以在更大的范围、更多的品种中自由地挑选，这样反映出来的自我才更真实，更贴合自己。所以，通过植物图，我们可以更好地了解内在的自我。

在画植物图时的指导语也非常简单：请你画出一种能够代表自己的植物。画植物图所用的画材和画树木图一样，有 A4 白纸、铅笔和橡皮。根据活动的目标或自己的需要选取画材。例如，还可以提供水彩笔、油画棒或水粉颜料，可以提供水粉纸、素描纸，等等。

由于每种植物都有自己的象征含义，所以对植物图的解读比树木图更复杂。我们需要了解每种植物代表的基本象征含义，再结合作画者所讲的信息，综合进行解读。

## 植物图解读

接下来我们来看两幅图画。首先看图 34-1。你还记得第 5 章的那个作画者吗？她是一名刚刚进入大学的大学生，我们在第 5 章中展示过她的两幅图画（图 5-1 和图 5-2），一棵断掉的树和一棵小树。我们在这里展示的图 34-1 也是她在工作坊中画的，而且是她画的第一幅图画。你能够把这幅画与树木图联系在一起吗？

图 34-1 是一枝兰花。作画者说："这是一株长在悬崖峭壁上的兰草。"她用"自在""柔弱""有韧劲""有闪光点"来形容兰花。我们可以把这些视为作画者在新环境中给他人的第一印象，或者她认为自己给他人的第一印象，即一个柔弱

图 34-1

的女孩子，但实际上很有韧劲，身上具有很多闪光点，只是很难在第一时间被人了解。即使在陌生的环境中，她的内心也有一种自在感。这株兰花正在开花，代表作画者对自我的评价比较高。

在中国文化中，兰花具有非常独特的含义。首先，兰花象征着高尚、高洁、典雅、坚贞不屈。"气如兰兮长不改，心若兰兮终不移。"它的叶片飘逸俊芳、卓越多姿，它的花朵高洁淡雅、神韵兼备，它的香味纯正悠远、沁人心肺。梅兰竹菊并列为花中四君子。其次，兰花象征内敛的气质和风华。兰花幽香清远，生长在幽谷净土，其香也淡，其姿也雅，境界幽远。再次，兰花被用来象征美好的事物，如以"兰章"喻诗文之美，以"兰交"喻友谊之真，子孙昌盛为兰桂齐芳。最后，兰花也经常被用来代表情感，

它可以代表朋友之间的友谊，兄弟情义被称为金兰之好。美好的夫妻感情也可以用兰来形容。

作画者用兰来比喻自己，而且是长在深山里的兰花，非常独特，也非常有深意。《孔子家语》中说过："芝兰生于深林，不以无人而不芳。"所以长在深山林中的兰花比长在室内的、被养殖的兰花多了一种自由和野性，也多了一种孤独和孤芳自赏。此外，这株兰花是长在悬崖上的，这一方面突出了环境的险恶以及作画者曾经付出的努力，因为生长在这种环境中的兰花需要有更顽强的生命力；另一方面，也突出了作画者志向高远，因为悬崖意味着高处。

从这幅图画本身我们可以看到，作画者有较高的自我评价，有比较独特的自我标签。从画法来看，这幅画也非常符合中国画的特点：寥寥数笔，用色简单，只用了黑和黄两种颜色，而且画面上有很多留白。这代表了作画者做事情简洁明快，不拖泥带水。其个性为追求自由，不喜欢被束缚，生命力非常顽强。但是花朵的颜色非常淡，这也突出了作画者为人非常低调，不张扬，不愿意成为焦点，但是又非常坚持自己的个性。植物开花的部分和作画者的描述有闪光点是对应的。所以尽管作画者很低调，但她知道自己的优势。同时，作画者用柔弱来描述兰花，所以她也看到了自己在新环境中的劣势，或者说她愿意以柔弱的姿态出现在众人的面前。

从整体上看，这幅画没有强调根基的部分，没有强调大地和土壤的部分，这可能代表作画者感受到来自大地的、母亲的、环境的支持和滋养不够。此外，作画者给这幅画起名为"角落"，这更证明了作画者感受到的被边缘化。一方面是她主动选择在角落里，不希望引人注目，或者说她刚刚进入新环境，她觉得角落是最合适自己的地方。另一方面，也可能表示她经常被放置在类似"角落"的地方。这也可以看出作画者的矛盾：兰花是被人欣赏的，幽兰香风远，蕙草流芳根，但是这株兰花躲在角落里，很难被人看到。这也代表了作画者对于在新环境中到底用怎样的自我和在什么样的位置上展现自己，存在冲突和矛盾。

接下来我们看图34-2。你还记得第24章的作画者吗？她是一名即将毕业的大学生，正处于步入工作的阶段。在第24章中，我展示过她画的三棵树，第一棵树是被三座大山压着（图24-1）。在这里我们展现的是她的植物图。当看到这幅画时，你会有怎样的感受？作画者用了三个词来形容这幅画：生机、潜在风险、脆弱。图画中的植物生长在一片山谷中，这是一小片向阳花。

图 34-2

这幅画给人收获的感觉，因为向日葵正在成熟，而且花盘很大，这表明作画者在大学期间付出了很多努力，也有了很多收获。这棵向日葵本身正在成熟，体现了她的收获感，但她的苦恼来自于：选择扶持哪一棵向日葵？然而这个选择有些沉重，所以让她觉得存在风险和一定的脆弱感。

当被问及画完这幅图画她联想到什么时，作画者说："我联想到自己最近的状态，有些事情无法确定，内心有一丝不安全感。"我们可以看到，两朵花其实象征着两个选择，你是否也能从图画中感受到作画者的纠结？她的精力有限，只能选择扶持其中一棵向日葵，那么选择哪一棵呢？在目前的图画中，她选择的是花茎相对粗壮、向日葵的花盘比较大、向左边倾斜的那棵向日葵，她用两根木棍把它支撑起来，其实这棵向日葵代表了作画者在找工作中的一个选择。

如果你有过大学毕业找工作的经历，你一定会知道在此过程中的感受：在最初的阶段，你会非常焦虑，广撒网似地投简历，担心自己找不到好工作；在第二个阶段，你参加了大量的面试，然后对不同的单位和工作进行比较；在第三个阶段，你就会非常纠结，因为你拿到了多个单位的录用通知，不知道到底该选择哪一个；在第四个阶段，可能你最终做出了决定。这位作画者目前处于第三个阶段，经过左思右想，最终她只留了两家单位在筛选清单上，这两家单位各有各的好处，都是向阳花，不论选择哪一个，都有光明的前景，但她只能选择其中一份工作。

所以在这幅画被画出来后，作画者就说，其实她已经做出了选择，就是画面中被支撑的那棵向日葵。我们没有具体讨论，那棵向日葵到底意味着什么工作，是在哪里？什么性质？福利待遇怎么样？但是作画者自己清楚。所以这是很神奇的一件事情。通过图画的方式，不用触及具体的事件，不用触及作画者的防御机制，便可以让作画者了解到这些图画所具有的象征含义，然后帮助他们理清楚自己的思路，做出自己的选择。

从上述两幅画中我们可以看到，植物图有时比树木图更能让作画者自由地表达自己，也能够让其看到更真实的自己，或者看到在当下状态中更有特点的自己。如果我们只是画树，我们可能便无法看到图 34-1 的作画者用幽兰来代表自己。如果只是画树，图 34-2 的作画者可能也没有办法表达出自己内在的纠结，帮自己做出一个忠实于内心感受的选择。所以植物图在某种意义上给作画者提供了更多的选择，让他们展现更多样化的、更真实的自己！

**成长·操作**

请你画出自己的植物自我。指导语是：请你画出一种能够代表自己的植物。画完之后，你可以将之与自己画的树木图进行对比，看一下在植物自我图中有哪些新发现。

# 35 单身沙龙树木图：我的爱人长什么样子

树木图可以拓展为人们寻找恋爱对象的工具，可以让本来陌生的单身男女在活动中更好地了解自己和理想伴侣的形象。本章会介绍两个内容：一是单身沙龙树木图的实施和指导语，二是对两幅单身男女树木图进行解读。

## 单身沙龙绘画活动的实施和指导语

每个人都有自己的婚恋观，作为单身男女，你想找一个怎样的异性与自己共度一生呢？什么样的异性对你有吸引力？如果用语言表达，没有几个人能够对这两个问题给出准确、具体的答案，而且即使能够回答，你所表达的、希望另一半具有的条件与你内心真正想要的可能也相去甚远，因为你很难知道自己的潜意识里期待的另一半是什么样子。

在单身沙龙或单身派对活动上运用树木图，人们可以自然、真实、没有偏见地相互了解；从画的相似树中，大家可以找到与自己的人格特质相似的人，这些相似性也很容易让他们发展成好朋友；从两棵树的关系中，大家可以探索自己内心对亲密关系的期待程度，也了解他人的这个部分；借助树木图，大家可以谈论很多话题，所以整场活动不会遭遇冷场和尴尬，现场气氛开放而真诚，热烈而亲切。也许，在不经意间，那个他／她，就用自己的一幅画打动了你。

从对树的种类、大小、位置、构图、附属物等方面的解读，加上作画者本人的讲述，我们能够得到关于作画者与他人的心理距离、对亲密关系的态度和看法、偏好的亲密关系类型等信息。

单身沙龙树木图的指导语是：请你在纸上画出两棵树。

材料可以多准备一些，让作画者随意选择：A4 大小的纸，8K 大小的纸，4K 大小的纸。铅笔、橡皮、水彩笔和油画棒。

## 单身男性的树木图解读

接下来我们以两幅图画为例，展示如何对单身沙龙树木图进行解读。我们一起来看图35-1。你从这幅画中看到了什么？作画者是一位 38 岁的单身男性，画完这幅画后，他说："左边蓝色的树是我，右边玫红色的树是我期望的另外一半。

图 35-1

这两棵树生长在大自然中，当时的天气风和日丽，这两棵树之间是爱人的关系，所处的季节是春天，画完这幅画后我感觉很幸福。"

这幅画的构图非常特别，我们从中可以了解到很多信息。这幅画的作画者把两棵树画在了画面的正中央，并且占据了很大的面积。在作画顺序方面，他先画出左边的树，然后画出右边的树，最后补充了附属物。作画者希望寻找的另一半和自己具有很多相似性，因为这两棵树很相似。

这是两棵拟人化的树。两棵树都很高大，都深深地扎根于土壤中，其树根部有一些交错，树冠下方的树枝像两个手一样亲密地牵着，树冠则高耸入云，彼此独立又相似，而且两棵树似乎还对着彼此露出笑容。树的根部是土地。画面左边是绿色的山，还可见一条上山的小路，路上有两个人和一辆小汽车，都在沿上山的方向走。山顶有一轮太阳，右边有一个池塘，池塘里有两条向左游动的鱼。画面上方有一些云朵，右侧有两只小鸟在向左边飞。这众多附属物说明作画者的内心非常丰富。

这幅画的作画者选择了 A3 大小的纸作画，这说明他需要更强的掌控感，格局更大，同时他也感受到来自环境的制约。两棵树的距离非常近，这也代表作画者期待和自己的另一半有很高的默契度和情感亲近性。树根生长的土地，他用咖啡色予以强调，对树根部分也做了明显的强调。这说明作画者扎实稳定，注重根基，注重本能。作画者还画出了边界非常分明的地平线，这个地平线感觉不是很稳定，像大型盆景的围栏。这两棵树都很高大，彼此独立又相似，还有一些交错，但在它们的关系中似乎还存在一些束缚，或者作画者感受到当下的环境束缚了自己，在环境中受到局限，难以大展宏图。

画的左边是绿色的山，山脚下有一条路，一直通往山上，路上有一辆小汽车和两个人，都在往山上走。在这里山代表目标和坚持的力量，这说明作画者的事业正处于上升期，因为画中的人在向上攀登，这象征着作画者向目标奋进，虽然在路上他可能会遇到一些阻碍和挫折，但作画者努力的决心不会被阻挡。那辆小汽车象征着作画者对物质生活可能也有一些自己的追求。

画面的天空中有很多云朵，因为这些云朵是灰色的，让人感觉像乌云，这表示作画者可能存在焦虑情绪。画面右下方是一个池塘，其中有两条鱼在游动。右上方有两只鸟儿飞向左边。鱼和鸟的出现都代表作画者渴望自由，渴望无拘无束、不受束缚。综合来看，这幅画中有的地方给人的感觉是作画者被关系和环境束缚，有的地方又反映出作画者想挣脱这种被束缚的状态。

根据作画者叙述，树的生长季节是春天。春天是萌芽生发的阶段，说明他的能量才刚刚苏醒，有一些东西已经在慢慢萌发，也可能还藏在心底。有喜欢的女性，还没有去表白或者还在相处中，对方还没有给他准确的答复。

这幅图画中的东西大都是成双成对的，两棵树、两条鱼、两只鸟、两个人，这些信息全都在强调作画者对谈恋爱的渴望。另外，在对关系的期待中，双方的能量水平可能有一些差异，蓝色代表能量水平更低一点，红色代表能量水平更高一些，表示作画者可能更易于被比自己能量高的女性所吸引。

画面中的附属物很多，这一方面说明作画者的内心世界很丰富，但另一方面可能也表明他想要的东西很多，没有重点，所以他可能有些焦虑。作画者应该在人生这个阶段做一些取舍，做好自己的人生定位，找到自己真正想要的东西，包括爱情。

## 单身女性的树木图解读

接下来，我们一起来看图35-2，这是一位44岁的单身女性的图画。你从这幅画中了解到了什么？作画者画完这幅画后说："右边的树是我，左边的树是自己期望的另一半。这两棵树生长在大山中的森林

图35-2

边。这是两棵独立又相依的树，画面中呈现的季节是夏末秋初，这两棵树是爱人关系，它们相互依靠，很幸福，画完后我感觉很幸福。"

作画者接着说："我先画了右边那棵树，然后画了左边的树，本来想把左边那棵树画成自己，后来不知道怎么着，把右边那棵树画成了自己。开始，我把左边那棵树最下面的左右两根树枝画成了柳枝的样子，但又觉得这不太像男性，所以我把它加高了一点，更刚劲一些，把树冠画成了圆形，把左边下垂的那个树枝改了一下，但右边下垂的那根柳枝我没有改。最后左边那棵树代表男性，右边是柳树，柔美和顺，代表女性，左右两棵树之间的树枝和树冠有接触。"

这幅画的画面简洁流畅，从整体来看，这幅画处于比较和谐的背景中。画面中的草地连接了整个画面，两棵翠绿色的树在画面的右边，相互依偎又独立，树的后面还有大片的树林，草地和地平线是翠绿色的，左边是连绵的山峰，其颜色与再次描画地平线时的用色相同，都为棕色。草地上点缀着几朵粉色的小花。

这两棵树让人感觉它们不是大树，而是比较幼小、比较稚嫩的树，而且作画者选用的颜色是嫩绿色，给人叶子刚生长出来的感觉。树干比较纤细。我讲过，树干代表着情绪领域和现在空间，代表着有意识的情感反应。所以，这可能代表作画者才慢慢意识到自己对情感领域的需要，还可能代表其情感领域开始慢慢萌发，她已经在有意识地培养它。

作画者说："我以前给人的感觉是非常独立，一个人就可以生活得很好。现在我却画出了相依相偎的两棵树，我也感觉有点吃惊。但是，我感觉很好，觉得很幸福"。

从整个画面来看，画面简洁流畅，代表作画者思维敏捷，做事干脆利索。她说，在画树的过程中，她有些犹豫和纠结，实际上，这也反映出她内心对亲密关系仍存留部分不确定感。

在这幅画中，大山和地平线占据着图画一半以上的面积。大山在这幅画中更多是代表压力、困难以及由此带来的负面情绪。她画的地平线是起伏的，代表了其内在的不稳定性。对这个作画者而言，建立亲密关系可能不是一件容易的事。她不是特别看重关系，所以这两棵树在画面上的位置不在正中央，树所占的面积也比前面那位男士所画的树占据的面积更小。这反映出她建立亲密关系的意愿可能不强烈。

从画中我们了解到，作画者与他人有一些距离，因为这两棵树是生长在野外的森林里，给人的感觉是，她有渴望自由，远离城市的想法，而且她渴望发展自己的一些天性，她也很享受这种感觉。

综上所述，从对树的种类、大小、位置、构图、附属物等的解读，加上作画者本人的描述，我们可以很快得到关于作画者对与他人的距离、关系、位置的看法及其对他人的看法，也可以获得作画者对谈恋爱和亲密关系的期待程度等信息。

（严余华）

## 成长·操作

请你画出你的亲密关系树木图，指导语是：请在纸上画出两棵树。使用的材料可以是铅笔、橡皮、A4白纸或A3白纸，也可以像图35-1和图35-2那样，使用彩色油画棒，彩色油画棒会提供更多情感、情绪方面的信息。

# 36 树木图带给你什么

在树木图的旅程中，我们现在已经来到了终点站。恭喜你坚持到最后。

## 了解新的工具

我们在前文中说过，树木图属于表达性艺术治疗大家族中的图画治疗，也属于心理咨询技术的一种。在阅读完本书后，你会发现，通过画树，我们居然可以了解自己的人格特征、心理状态、过往成长经历等。这就好像在你面前打开了一扇新的门，推开了一扇新的窗。

在本书的第一个模块中，我系统地阐述了树木图的历史、工作机制及操作。第二个模块是对树木图的解读。我首先从总体上分析树木图，包括树的位置、画面大小、笔触和线条阴影、树的种类等。然后从局部解读树木图，包括树根、树干、树枝、树冠和树叶，以及画面中其他种类繁多的附属物。我们分析了树成长的环境，对作画过程进行了解读，综合起来就是我们在 18 章中阐述的解读图画的四大基本原则。在解读树木图的时候，我们既要关注图画的整体，又要关注其局部；既要关注图画的结构，又要关注其内容；既要关注静态的已完成的图画作品，又要关注动态的部分（即作画的过程）；既要关注一般性的规律的解读，又要关注个性化的解读。另外，我们还讲到在解读图画的过程中，应该遵循的基本原则是善行、无伤害、关怀和尊重。

在介绍完这些基本内容之后，在第三个模块中，我们主要通过解读不同的图画，明晰了如何通过树木图进行个人成长。本模块所呈现的图画，有的是从性格内外向的部分关注自己的成长资源，有的是从自卑走向自信，有的是从完美倾向走向能同时关注效率和效果，有的是从生命能量的层面挖掘自己未知的资源，还有的是看到内在的纠葛进而找到平衡。从总体上来说，我们在自我成长部分关注以下内容：图画中呈现了怎样的信息？呈现了作画者想要解决或需要解决的哪些议题？图画中反映了作画者的哪些资源？在任何一幅图画中，我首先关注的都是作画者所具有的内在资源，以及怎样借用这些资源帮助他解决他所遇到的问题。然后，我们了解作画者如何运用所得到的信息，从而做出自己的决定。所以，在第三个模块中，我呈现了多个作画者的具体案例，通过这些案例我们可以看到他们是如何通过图画找到线索或答案，从而帮助了自己。也许这些图画也给你提供了启迪，帮助你看到自己当下的状态。

在第四个模块中，我介绍了各种树木图的拓展技术。它们可以用来对自我进行深度探索，如画四季树和植物，还可以用来了解人际关系，如不同的人画同样的图画或画家庭树等。

即使本书共有 36 章，但仍然未能包含树木图所有的内容。对有些人而言，阅读本书可能是一个终点，因为已经读完了一本书；但是对有些人而言，这可能只是起点，因为他们刚刚了解了这个技术，要想将其更好地用在自我成长方面，或者用在帮助他人方面，还有更长的路要走。

## 个人成长方面的收获

本书定位于个人成长，故所有内容都侧重于从个人成长的角度进行解读，如我刚才所言，即使你不会解读或没有记住我们前面讲过的种种象征含义，也没有关系。比这些内容更重要的是，通过树木图，你是否能够更真实地面对自己？在书中我们谈到过，图画不会撒谎，图画就像一面镜子，你的内在是怎样的，它就呈现出怎样的状态，关键在于你是否准备好通过图画来了解真实的自我。

根据 20 多年的工作经验，我发现，当人们刚刚接触图画技术的时候，可能会带着疑问，带着好奇，带着难以置信，甚至也会有不屑一顾。但是当他们在这条路上摸索着行走一段时间后，他们就会发现，这个工具确实可以帮助自己。有的人可能是通过顿悟，一下子领悟到："我现在的状态和图画中的状态简直一模一样。"有的人则是慢慢地理解图画中呈现的信息与自己的现实之间的联系，然后开始领略图画技术的魅力。

我想说的是，艺术永远有巨大的包容性，不论我们的状况如何，当它通过艺术被呈现之后，都是可以被看到的，它都可以成为我们讨论的对象，被我们反思，被我们认识，被艺术接纳的东西也慢慢地被我们自己接纳。只是在这个过程中，我们要足够开放，足够勇敢。

希望本书带给你的不是那些条条框框的解读和一般性的规律，而是为你打开了一个世界：你可以运用表达性艺术的方法，通过图画治疗的方法，尽情地展现自己，发现自己，看到真实的自己；也通过艺术的方法，发挥自己的潜能，运用自己的主观能动性，调用自己的资源，让你有能力看到自己的成长议题，有勇气走出自己的舒适区，成长为你想成为的样子。

在画树的过程中，由你来构造这棵树的树干、树冠、树枝和树叶，由你来决定这棵树生长在什么地方，周围的环境是怎样的，周围还有哪些事物。你有能力构建这样的图画，你就有能力创造属于自己的世界。

通过对树的描画和解读，你有机会了解自己的内在世界。通过与树的对话，你有机会感受自己生命能量的流动：树根在地下与大地母亲紧密相依，汲取树成长所需要的养分。树干和树枝源源不断地输送着来自树根的养分。在枝头，每一片树叶都在进行光合作用。整棵大树根深叶茂，生机盎然。借助这样的意向，你有机会整合自己的内在世界，让生命能量不再禁锢，而是健康地流动起来。

你可以用图画把自己学习本书的收获画出来。指导语是：画出你学习本书的收获或感受。你可以用任何材料进行创作。

## 四棵树，四种成长

下面我呈现四幅图画，这四幅画代表了四位作画者通过树木图实现的自我成长。

### 舒展而自由的树

你还记得第 24 章的作画者吗？她画过被大山压制的树（见图 24-1）、被风吹拂的树（见图 24-2），在工作坊结束时，她画了这样一棵树（见图 36-1）。她自己对图画的描述是这样的："这是一棵回归到最开始的树。它生长在世外桃源，比最初的树漂亮很多，叶子也变得多了，颜色也变得更加碧绿。它的周围还有其他的树，这些树我画成了白色，代表看不见但存在的支持。大地一片金黄，虽然天空也是金色，但那是被阳光渲染之后的颜色，是朝霞。虽然这棵树很普通，但它将来会结出累累硕果。"

看到这样一棵树，听到作画者这

图 36-1

样描述自己的图画，你会有怎样的感受？会不会特别感动？和最初那棵单薄的、感受到很多压力的树相比，这棵树有了很多不同。第一，生长环境友好，树与环境的关系是和谐的。树在一种美好的环境中成长，金子般的大地代表了富足和营养充沛，树扎根于肥沃的土壤中。以颜色而不是线条画成的地平线可以显示出大地和树之间具有支持与被支持、支撑与被支撑的关系，整棵树稳稳地立在大地上。树下的影子代表了作画者看重树在光线下的表现，天空明亮的朝霞代表着希望和光明。这幅画的整体环境是支持性的、滋养的、友好的。而之前的树（图24-1）所处的生长环境则比较恶劣，小树被三座大山压制着，树与大地的关系好像是断裂的。

第二，这棵树更具有生命力：树干粗壮，枝叶繁茂，整棵树顶天立地，拥有无尽的生命力和力量。而之前的树只是一棵小树，虽然顽强，但生命力并没有这么充沛。这棵树的能量流动也是通畅的，从碧绿的树叶可以看出，生命能量源源不断地从树根通过树干输送到树的各个部分，而该作画者之前画的树，树干是黑色的，能量似乎很难流动。

第三，这棵树拥有自由，可以尽情舒展，这从匀称的树形、伸展的枝叶可以看出。而且这棵树周围有足够的空间，可以自由生长。而之前的树是被大山压制和束缚着，很难拥有空间自由。

第四，这棵树是环境的主导者。作画者用白色的画笔画出了周围的小树，这本身代表了作画者会关注周围的人，但她更愿意做环境的主人，在她的成长过程中，由她说了算，而不过多地被环境所主导和支配。这本身是其具有力量的体现，是其独立性的体现，也是对之前被压制的补偿。

第五，这棵树将来会结出果实。这本身是作画者对自身价值的肯定，象征着自己有目标，也受到环境的滋养，同时有能力达到目标。而之前的树并没有结出果实这个线索，可以看到，拥有果实是作画者新生长出来的力量。

这棵树与之前的第一棵树形成鲜明的对比，这是可以"看见"的成长。所以作画者满怀激情地呈现这幅图画的时候，我们也深受感染，因为这是她内在世界发生变化后通过图像将其外化了出来，我们也见证着她的成长。

### 出污泥而不染的莲

图 36-2 是第 25 章的作画者在工作坊后期画的一幅画。她自己对其的描述是："这是夜光下的莲。我非常喜欢莲花的嫩黄，我想画出莲花的空灵和宁静。画面的上部是星空，下部是水面和莲花，水面上还漂浮着樱花瓣，中间是希望的光带。我喜欢莲花与我信仰佛教有关。"

图 36-2

莲花是佛教四大吉花之一，它代表了高贵、圣洁、出污泥而不染、美好和智慧。佛语云：花开见佛性。这里的花指的就是莲花。这位作画者之前画过开花的竹子（图 25-1）、竖着长的心形树（图 25-2），而在这幅画中，他画出了第三种植物：莲花。

这里的莲花是有深意的。它是作画者前面图画的转化和部分整合。从色彩上看，这幅画中嫩黄的花和作画者在第一幅画"竹子开花"中的花颜色相同。从内容上看，这幅画中的夜空则和第二幅画"竖"中的夜空是一致的。从构图上看，两幅画的夜空采用了同一构图方法，夜色占了很大的面积。这表明作画者是在前两幅图画的基础之上，创造了这幅图画，以展现其心理意象，这幅图画和前面的两幅图画具有千丝万缕的联系：它们都带着一种决绝和牺牲的美丽（开花的竹子和樱花），都是夜晚和内在自我在一起的产物，更贴近自己的本心。白天人们会更多呈现社会自我，但夜晚则会更多呈现真实自我。

但这幅画和前面的两幅画也有明显的区别。首先，环境不同。前面图画中的植物都是生长在陆地上，而这幅画中的植物则生长在水里。土和水都是大自然的基本元素，但是两者带给人们的心理感受十分不同：大地更加坚实和稳固，可以给人提供有力的支撑；水则至柔而无形，拥有天德，是个体原初拥有的环境，可以给人以抚慰。作画者从大地转向水，表明作画者开始探索自己更深的潜意识。而且，在画出植物、大地之后再画出水，表明作画者内在正在寻找对自己重要的元素。

其次，植物类型不同。从开花的竹子到树再到莲花，作画者在不断寻求对自己重要的东西。作画者曾说："开花的竹子非常璀璨，她感受到有价值，也有成熟感。"而莲花所代表的价值感、成熟感则更具空灵性和智慧，这体现了一种变化。莲花本身就是具有转化功能的象征物：莲花出污泥而不染，本身就把污泥转化成为滋养物。

最后，从这幅图画的整体构图来看，尽管有嫩黄色的花和光带，紫色仍占了很大的面积，虽然很美，视觉上具有冲击力和震撼力，但也给人一种压抑感，表明作画者内在还有一些情绪需要处理，其隐忍的、被抑制的情感还需要表达出来，还需要通道。

作画者最终转化出来的意象在工作坊中没有呈现。每个人的内在节奏和速度不同，转化所需要的时间也不同，这是正常的。但我相信这位作画者的转化过程即使在工作坊结束之后仍然会持续。我对其最终整合之后的意象充满了期待。

## 在森林边上背靠大树

图 36-3 也是第 26 章中的作画者所画的图画。你还记得她画的被压抑的树吗（图 26-1）？在那幅画中，树干和树冠明显呈分离状态，好像营养根本无法从树根通过树干输送到枝叶，但在现在这幅画中，我们看到的是枝繁叶茂的大树。作画者自己描述说："我坐在森林里，背靠着一棵大树，我可以看到对面的房子和秋千。森林太深了，我有些害怕，但当我背对着森林，看到远方的家时，我就不害怕了。在这里，我感觉非常安宁。本来我还想画很多树，因为森林里有很多树，但我的画技不好，没有画出来。"

图 36-3

和作画者的第一幅画相比，先前的小树林变成了现在的大森林，这不光是树木数量的变化，还代表作画者眼界和胸襟的变化，代表其探索自我的深度和广度的变化。当作画者画出森林，哪怕只是背靠森林时，都意味着作画者拥有了更广阔的视野，她内在世界的范围发生了变化：不再局限于竭力控制自己的情感，而是愿意与外在更广阔的世界建立联系。森林和大海一样，具有原始性，在某种意义上可以代表我们的潜意识。而这里的院墙可能代表作画者的家，秋千代表作画者的童年和少女时代，尽管作画者提到自己对走入森林感到有些害怕，但她仍然站在了森林的边缘。她可能还没有做好深入探索自己潜意识的准备，但她愿意站在森林的边缘，从森林的角度来理解自己所处的现实世界（院墙和秋千），这本身是一种可贵的尝试。这种与家保持距离的画法，有可能意味着作画者在告别自己的原生家庭，在告别自己的童年和青少年时代，开始接受自己成年人的身份。我们可以看到她背靠的那棵大树是一棵年代久远的巨树。当我们和自己的潜意识接触时，我们接触的确实是连接天地的巨树。代表她的这棵树拥有巨大的生命力。只有能和自己的情绪在一起的人，才敢于让成长之树变得如此巨大，如果像作画者所画的第一棵树呈现的那样极力控制情绪，树所代表的她长大之后会害怕被情感的洪水淹没。

从这棵树的成长环境和大小上，可以看到作画者内在更有力量了。

### 陆地和海岛上的树

接下来我们看第四个人的图画，这是第 27 章中的作画者在工作坊结束时所画的树。你还记得她画的第一幅画中呈现的多肉植物吗（图27-1）？在图 36-4 中，她画了很多棵树。她自己这样描述："我把之前所有画过的树都画在了一起，还增加了

图 36-4

一棵椰子树，这是很不像自己的一棵树。左下角是广袤的绿色，有草有树，土地肥沃，树长得很茂盛。这是我探索未知的部分。右上角是海岛，是五彩斑斓的海岛，让人惬意。树下面有珍珠。"

这幅画确实是集大成者，作画者把之前图画中所呈现的元素全部集中在了这幅画中。同时她创建了两片陆地：左下角的大陆和右上角的海岛，中间是海水。熟悉沙盘技术的人都知道，如果来访者拨开沙子露出箱底的蓝色，通常意味着来访者有勇气探索自我的潜意识，而在这幅画中，作画者创造了三个区域：坚实的陆地、巨大体量的海水和被海水环抱的海岛。这代表了作画者具有能量和勇气，能够区分不同的领域：左下角的大陆可能代表了她的原生家庭的成员和亲朋好友，而右上角的海岛则代表了她和自己的男朋友，他们是一个独立的系统。海岛和陆地隔海相望的距离是她所期待的，她需要自己的空间，同时又可以"看见"对岸。这需要分离的勇气，把自己的亲密关系与他人的关系区分开来。而陆地也是重要的。只要陆地在那里，她的心就是安定的，因为那里是她坚实的后方。

虽然海岛的面积不大，却是画面的焦点，最引人注目，因为那种介于黄色和粉色之间的颜色是整幅画最浅的颜色。那种柔和而浪漫的色系、比肩而立的两棵树都很代表了恋爱的氛围，尤其是椰子树的笔直和柳树的婀娜既互补又映照。她提到椰子树不像自己，那确实是她新增加的内容，用来代表她的男朋友。树下还有珍珠。在图 27-5 中，她也画了珍珠，所以珍珠是她重要的意象。用珍珠自喻的人，其自我评价都比较高。这里的珍珠可能还有一层祝福的含义，即自己的恋爱是被祝福的。

看了这四幅画，你是不是真切地体会到，通过图画个体能够实现个人成长，发生巨大的变化呢？

## 结束语

在本书的最后，恳请读者心怀宽容，对于书中存在的不足或者未能满足你个人需求的部分，予以包容。本书中的内容既不是硬性规定，也不是金科玉律，它只是在你刚入门的时候给你提供的基本框架和一些抓手。不管我们对心理学的了解已经有多深入，每个个体在其中探索自我的道路都是独特的。尽管遵循对与错、黑与白的规则远比容忍不确定性要容易，但对内心的探索，需要从你能够面对真实的自己开始，需要你尊重心灵深处真实的声音。

另外，我还是要补充一点，尽管我们讲到树木图中的很多元素可能具有的象征含义，但图画中的任何元素和内容都必须要在图画和作画者的具体背景下进行理解。象征性的含义和象征的过程从来都不是狭隘的，不意味着单一的对应，而是可能非常丰富。

图画治疗本身是一种非常强有力的工具，它能够容纳和承载我们的所有情绪和感受，所以作画者能够借这个工具完成精妙的转化，而非解读本身促成了作画者的改变。

本书脱胎于壹心理平台的树木图课程。喜欢通过声音来获取信息的伙伴可以在壹心理平台上找到树木图的音频课程。

最初，壹心理找我讲这门课的时候，其实我是有顾虑的，因为长久以来，我的教学对象都是心理学工作者，所以我担心，如果把树木图的技术教给所有的人，作为一种测评工具，这项技术本身可能就失去了其意义。所以我和壹心理的工作人员反复进行了沟通，最后我们把这门课定位于自我成长，期待用这个工具帮助更多的人，同时又避免了对工具本身的滥用和过度解读。

真正准备课程所花费的时间比我想象的更多，耗费的心力也更多，其中很重要的一个原因在于之前我主要是对心理学专业人士进行面授，所以我并不清楚如何通过音频的方式对没有任何心理学基础的人讲课。我记得，最初的文字稿至少有七八个版本，然后壹心理的工作人员做出很多标注，例如，"防御机制、表达性艺术治疗这两个词人们可能听不懂。弗洛伊德是谁？荣格是谁？可能有人没有听说过，你提到的时候需要说明。'理论导向'这个词过于拗口，有没有更通俗易懂的词替代？"一时间我的内心有点崩溃，因为我不知道该如何讲课了。在我接触的群体中，似乎没有人不知道弗洛伊德、荣格，也不会有人听不懂"理论导向""防御机制"这些词。于是我不断地调整自己的思路，以便与听众匹配。

在最初的时候，工作人员反馈："严老师，你在一节课中讲的东西太多了，需要减少知识点，因为大家是初学者，可能有很多内容听不懂或跟不上。"这不仅仅是改稿子的问题，而是我要彻底调整我的讲课思路，想象如何针对一个新的群体来传授知识。这是一个音频课程，与我在教室里上课很不同。在课堂上讲错了，我可以马上纠正；如果讲述不准确，下堂课我还有机会补充或修正。而音频课程对准确度的要求更高，所以有时候为了找一个确切的词，我需要查阅很多资料。

壹心理的工作人员希望我能多举案例，我就给出了一些我在平时的授课中经常使用的案例。当工作人员告诉我有些案例太专业的时候，我感到非常震惊，因为我一直把这些当作常识来讲。同时，我也会绞尽脑汁地想生活中的案例。工作人员的反馈让我第一次开始反思：是不是在面对面的授课中，有些地方我没有讲透、没有讲明白？

对我而言，准备这门课程也是一种修炼。我记得在讲到图画的神奇之处时，我用到了精神分析的一些名词，如自体、客体、边界；工作人员说新名词太多了，我只能换一个思路重新备课，所以最终呈现在大家面前的是我经过整合的让没有任何心理学基础的人用听的方式来学习的课程。但我并没有因此降低课程的专业性、严谨性和系统性，这就给备课过程带来了巨大的难度：要讲得深、讲得专业，同时又要通俗。这样的备课难度，也让我有机会反思我讲的其他课程。我开始和学生确认他们是否懂得我讲的内容，是否需要我从最基本的定义开始讲起。

课程的时间限制对我来说也是一个巨大的挑战。我熟悉的上课方式有两种：一种是给本科生、研究生在教室里按学期进行，我有足够的时间和空间用以展开，可以讲得非常系统；第二种是做连续工作坊，就某个主题，一次讲课就是三天或五天。然而，在这门课程中，一堂课的时间只有15分钟左右，这对我是一个巨大的挑战，我需要重新安排知识构架，也需要压缩所有的"水分"，留下的都是有价值的、有意义的"干货"。我的一些同行也在听这门课，从他们给我的反馈中，我非常欣慰地知道，我的课程对专业人士也有帮助。专业性是这门课程的生命力。

我从这门课程中获得的最大收获是我要不断地学习。虽然这门课程用到了我数十年的积累，但我还是讲了很多新的东西，或者用新的方式来讲述之前已有的知识点，也解读了很多新的图画。在准备课程的过程中，我阅读了很多图书，查阅了大量的资料，吸收和输出成为一个良性的循环。

这也是从事心理学工作的一个巨大的好处——永远是学生，永远走在学习的道路上，学无止境。此外，来自学员的反馈、鼓励对我而言也非常有意义，很多学员的努力程度让我动容。甚至是帮我录制课程的录音师，作为第一个听众，他从最开始的旁观者，到后来越来越好奇而成为参与者，这让我真真切切地感受到这门课程给大家带来的影响、变化和自我成长。在这门课程中，我和大家一同成长。

课程推出之后，我收到了很多人的反馈。这些反馈让我知道课程对他们是有帮助的。在参加学术会议时，常有我认识或不认识的人告诉我这门课程对他们的帮助。这让我非常欣慰：我付出的所有努力都是有意义的。也有更多的人问我是否有纸质版的书，他们更想拥有捧书在手、一页一页翻阅的感觉，也希望可以反复查阅。壹心理平台也积极推动了纸质版书的出版。最终，呈现在大家面前的就是这本书。

只是，将音频课程变成一本书，并不是简单地把课程的音频转换成文字即可。书的出版要求更严谨，每一个字、每一句引文的出处、每一幅图画都需要进行推敲，再加上获得作画者的知情同意、图画的选取和扫描以及排版，工作量之大超过预计。感谢所有同意我使用图画的作画者们，是你们的慷慨分享让本书多了生动感人的例子。感谢壹心理平台以及和我一起战斗过的柠檬同学、嘉欣同学，是你们最初的创意和不懈的推动使这门课程得以面世。金若水帮助我整理了书的初稿和图片，感谢她的帮助，使得这本书的雏形得以形成。感谢柳小红编辑，她对每一处引文、每一条文献都予以认真核对，甚至动用自己的人脉去找英文文献来核对引文。感谢苏琛同学帮助我复核了每一条参考文献。

特别感谢吉沅洪老师同意我对她书中两张图的引用和修订，在写作本书的过程中我也和她沟通过一些学术问题。还要感谢严余华，她不仅富有创意地在单身沙龙中使用了图画技术，还把这一过程写成文稿，即本书的第35章。

一幅画胜过千言万语。我们因树木图相遇，也借树木图共同成长。期待在图画心理的世界里与你再次相遇！

# 参考文献

[1] 阿尔弗雷德·阿德勒.自卑与超越［M］.闫冠男，熊戈尔，译.北京：
人民邮电出版社，2016.

[2] 卡尔·古斯塔夫·荣格.荣格文集第 5 卷：原型与集体无意识［M］.
徐德林，译.北京：国际文化出版公司，2011.

[3] Gendlin E. T. Three assertions about the body［J］. The Folio，1993，
12（1）：21-33.

[4] Koch，K. The tree test：The tree drawing test as an aid in psychodiagnosis
［M］. Bern：Verlag Hans Huber，1952.

[5] 玛蒂·莱利.内向者优势［M］.杨秀君，译.上海：华东师范大学出
版社，2008.

[6] 唐纳德·温尼科特.涂鸦和梦境——儿童精神病学中的治疗性咨询
［M］.李真，苏瑞锐，译.北京：北京师范大学出版社，2016.

[7] 吉沅洪.树木人格投射测试（第 3 版）［M］.重庆：重庆出版社，
2017.

[8] 陆雅青.艺术治疗——绘画诠释：从美术进入孩子的心灵世界［M］.
重庆：重庆大学出版社，2013.

［9］ 严文华著．心理画外音（修订版）：原创首本心理图解手册，全新
的心理解析理念［M］．上海：上海世纪出版股份有限公司发行中心
（上海锦绣文章），2011.

［10］訾非，马敏，等．完美主义研究．北京：中国林业出版社，2010.

［11］Alschuler R. H. Hattwick L.W. Painting and Personality. A Study of Young
Children（Vol. 2）［M］．Chicago：University of Chicago Press，1947.

［12］Buck，J. The H-T-P technique：A qualtitative and quantitative scoring
manual［J］．Journal of Clinical Psychology，1948，4（4）317-396.

［13］Buck J. W. Hammer E. F.（Eds.）Advances in House-Tree-Person
Techniques：Variations and Applications［C］．Los Angeles：Western
Psychological Services，1969.

［14］Buck J. N. The House-Tree-Person technique：Revised manual［M］．
Los Angeles：Western Psychological Services，1966.

［15］Hammer，E. F.（Eds.）The Clinical Application of Projective Drawings.
Springfield，IL：Charles C. Thomas Pub. Ltd.，1971.

［16］Jolles I. A Catalogue for the Qualitative Interpretation of the House-Tree-
Person（H-T-P）［M］．Los Angeles：Western Psychological Services，
1964.

［17］Kramer E. Wilson L. Childhood and art therapy：Notes on theory and
application［M］．New York：Scrocken Books，1979.

［18］Kramer E. Reflections on the evolution of human perception：implications
for the understanding of the visual arts and of the visual products of art
therapy［J］．American Journal of Art therapy，1992，30：126-142.

［19］Kwiatkowska H. Y. Family therapy and evluation through art.Springfield，
IL：Charles C. Thomas，1978.

[ 20 ]　Landgarten H. B. Clinical art therapy: A comprenhenseive guide [ M ] . New York: Brunner/Mazel, 1981.

[ 21 ]　Lowenfeld V. Brittain W.L. Creative and mental growth ( 8th ed. )[ M ] . New York: MacMillan, 1987.

[ 22 ]　Machover K. Personality Projection in the Drawing of the Human Figure. Springfield, IL: Charles C. Thomas, 1980.

[ 23 ]　Naumburg M. Art therapy: its scope and function. In E. F. Hammer ( ed. ), The clinical application of projective drawings. Springfield, IL: Charles C Thomas, 1958.

[ 24 ]　Naumburg M. Dynamically oriented art therapy: Its principle and practices [ M ] . New York: Crune & Stratton, 1966.

[ 25 ]　Stora R. Etude historique sur le dessin comme moyen d' investigation psychologique [ J ] . Bulletin de Psychologie, 1963, 17 ( 2–7/225 ): 266–307.

[ 26 ]　Wolff W. The personality of the pre-school child [ M ] . New York: Grune & Stratton, 1946.